# 「私」を伝える文章作法

森下育彦 Morishita Ikuhiko

JN259706

★——ちくまプリマー新書

232

目次 * Contents

第一章 「書く」とはどういう営みか



第二章 「私」の言葉へ

イラスト　たむらかずみ

# 第一章　「書く」とはどういう営みか

## 書き言葉という技術

人間が使う言葉には、おおまかに言って、話す・聞く言葉と、書く・読む言葉との二種類があります。前者が話し言葉、後者が書き言葉。両方ともコミュニケーションや表現に使いますが、話すときと書くときでは、コミュニケーションとしても表現としても性質が異なります。ここで考えたいのは、もちろん書き言葉のことですが、まずは、この両者の違いを踏まえるところからはじめてみましょう。

実際に喋《しゃべ》ったり・聞いたり、書いたり・読んだりする場面を思いだしてみれば、話し言葉と書き言葉とでは、言葉としてのありようが、決定的に違っていることが分かります。

話し言葉は、おもに声帯を使って発語され、耳から入ってくる。基本的に「音」であって、目に見える形はなく、発語されたその瞬間に消えている。一方の書き言葉は、おもに手を使って発語され、目を通して受け取る。基本的には、紙に記された黒鉛やインクの「よごれ・

しみ」あるいは液晶画面上のドットの寄せ集めです。こちらは、書かれた瞬間から形をもって存在し続け、とりあえずいきなり消えることはない。

一方が音声で、もう一方は文字。あたりまえのことじゃないかと思うかもしれませんが、この違いは決定的です。別の言いかたにするなら、話し言葉は人間の身体が起こす「ことがら」で、書き言葉は人間が手でつくりだす「もの」であると言ってもいいかもしれません。「話し言葉は身体が起こすことがらである」ということについて、さらに補足すると、話し言葉というのは、人が他人と関わるときの「演技」の一部でもあります。つまり、言葉だけが単独で存在することはない。話される言葉には、感情表現としての表情や身振り手振りが伴い、口調や声にも感情が出ます。たとえば「ありがとう」の一言でも、冷たい事務的な「ありがとう」、やさしい「ありがとう」、甘えたような「ありがとう」、元気のよい「ありがとう」、かったるそうな「ありがとう」……、口調と声音の違いだけでも、実にさまざまな「ありがとう」を言うことができます。人は、相手によって、場面によって、これらを使い分けている。そっぽを向いてぼそっと「アリガト」と言ってみたり、お辞儀をしながら「ありがとうございます」と丁寧にしてみたり、勢いよく短縮して「あざーっす」と言ってみたりもする。

書き言葉には、こういう芸当はできません。ただ「ありがとう」と書くだけです。肉筆で書く場合、ぞんざいに書いたり丁寧に書いたりすることはできますが、そのときの感情や気分を、この一文だけで表現することは基本的にできません。だから「ありがとう」に限らず、書くときには、あれこれの工夫が必要になるわけです。メールで使われることが多い、「(笑)」や、顔文字、絵文字もそういう工夫のひとつとして発達したのでしょう。

そういえば、今や、あるていど親しい相手へのメールには絵文字や顔文字を入れるのが、ごく普通になっているようです。絵文字がないとなんだか冷たい感じがして「怒ってるみたいに思われる」ということらしい。これを最初に聞いたときは「へえ、いまどきの若者はそこまで気をつかうのか、大変だねえ」などと思ったけれども、その後あれこれ見聞きしたところ、どうやらこの「メールには絵文字」というのは、若い人だけでなくけっこうな年齢の人でもやっているらしい。

そこで、あらためて自分の携帯やパソコンに残っている送信済みメールをいくつか見ると、なるほど、文面によっては、いかにも事務的な冷たい感じがしないでもない。「十五分遅れる!」に「了解」とか、「都合が悪くなりました」に「わかりました。では、いつにしますか」とか、内容が内容だけに、むっとしていると思われてもしょうがない。

書き言葉で微妙なニュアンスを表現することの難しさが、よく分かります。とくにプライベートなメールの場合、雰囲気としては話し言葉に近いから、よけいにギャップが大きく感じられるのでしょう。

話を元に戻すと、話し言葉と書き言葉とは、そもそも発語される場面や状況が大きく異なっています。話すときは、たいていの場合、話しかける対象が生身の現在形で存在している。だから、ひとりごとを除いて、その場で誰かがうなずいたり、笑ったり、突っ込んだり、無視してくれたりする。人はそれらの反応を意識し、その影響を受けながら言葉を発するわけです。反応が言葉である場合は、そこから新たに言葉のやりとりが始まったりもします。

一方、書くという営みは、基本的に一人で行うのです。たとえば誰かにあてて書く場合でも、そのあて先になる他人は目の前にはいないし、その場で反応を確かめられるわけでも、そこから会話が始まるわけでもない。

あらためて言います。書き言葉には、声音や表情や身振りのような補完的要素がない。純粋に、文字という「もの」だけで勝負しなければならない。また、書き言葉には、その場でのレスポンスもない。つまり、一人で孤独に発語しなければならない。そういうことです。

話し言葉には、状況に即応する瞬発力がありますから、言葉のやりとりから、場の「ノリ」をつくりだすこともできます。うまくかみ合った会話が、ちょうどいいテンポで弾むと時間を忘れるくらいに楽しい。テレビに出ているお笑いの人みたいな「運動神経」のいい人がいれば、本当に面白くなることもある。

じっくりと丁寧に考えながら、誰かと「話しこむ」のもいいです。そういう経験は、その「誰か」と「私」との関係を深めるだろうし、場合によっては何か大事なことを考えたり、学んだりする機会にもなるでしょう。

ただし、話し言葉には言葉としての無駄が多い。またその時々の感情やその場の空気に影響されやすいこともたしかです。だから話し言葉は、多くの場合、言葉としては表面的なものになりがちで、しかも、忘れてしまいやすい。

書き言葉には、みんなでわいわいとバカ話をして盛り上がるような楽しさはありません。対話をとおして誰かと互いに分かり合っていくような経験も伴いません。そのかわり、人と話すのが苦手な人、コミュニケーションが不得意な人でも発語することができます。そこにいる誰かに気をつかったり、場の空気を読んだりする必要もありません。

何かをじっくりと、自分のペースで解きほぐしたり、掘り下げたりしながら、より丁寧により繊細に、より深く考えるために、もっといえば自分のなかの深いところまできちんと表現するためには、書くことがいちばん有効な手段なのです。

そもそも、話し言葉と書き言葉、どちらが先に獲得されたのかといえば、話し言葉のほうが先に決まっています。人類がどれだけ大昔に言葉を獲得したのか、もちろん正確には分からないけれども、おおよそ五万年前、二足歩行を始めたのとほぼ同時期らしいと推定されています。では、書き言葉はいつ頃から使われていたのか。これまた定かではないのですが、最古の文字と言われる絵文字は、古代エジプトや古代メソポタミアや、古代中国の遺跡から見つかっていて、いずれも数千年前のものだそうです。いちばん最初の絵文字は、まだ「言葉」ではないけれども、それを出発点として、話し言葉に対応した書き言葉が徐々に整備・開発されたと考えられます。

言葉の獲得から五万年として、書き言葉はたかだか数千年。「文明」というのもそうだけど、人類の歴史からすれば意外に新しい。長い間話し言葉だけでやってきた人間が「文明」を築き始めるのとほぼ同時期に獲得した「新技術」が書き言葉だったということです。ちなみに、この新技術が日本に伝わったのは、もっと時代がくだって、おおよそ二千年前。かなり新しいです。

書き言葉という、この新しい技術によって、はじめて、それまで「音」でしかなかった言葉を目に見える「形」にしてあらわすことが可能になり、それを残すこともできるようになった。このことが、人間にとって、言葉にとって、どれだけ大きなことであったのか。ちょっと想像しただけでも気が遠くなるような話です。

ちなみに、ソクラテスという哲学の元祖みたいな人は「書き言葉のせいで人間は忘れっぽくなった」と、言っていたらしい。これは、よく分かります。新しい技術は、人間の能力を拡張すると同時に、本来持っていた力を退化させる。僕自身も、ワープロ・パソコンを使うようになってから、字を忘れることが多くなったのはたしかです。学生時代には、十数人分の電話番号を覚えていたのに、番号を登録できる携帯電話を使うようになってからは、かろうじて実家の番号くらいしか覚えていない。これも似たようなことでしょう。同じようなことが、ソクラテスの生きたギリシャ時代にもあっただろうという想像はできます。日本の場合、書き言葉が入ってきたのはもっと遅いので、その影響は記憶力の問題以外にも何かしらあったでしょう。どんな便利な、画期的な技術だって、いいことばかりあるわけではない。

それでも、書き言葉という新しい技術の登場と「文明」とが結びついているのは、確かなことで、人類がどれほどその恩恵にあずかってきたのかは、言うまでもありません。

書き言葉という新技術を手に入れたことが、いいも悪いもひっくるめて、人間にとってどういう意味を持つのか。ここには、ただ忘れっぽくなっただけでなく、もっと大事なことがいろいろあると思います。実際、このテーマだけで論文が何本も書けるくらい大きなことなのですが、あれこれ考えるときりがないので、ここでは、ざっくりと二つの点を押さえておきます。

第一に、書き言葉によってはじめて、人間は遥《はる》か遠くの人間に、また、遥か未来の人間に言葉を届けることが可能になった。**そこで言葉は、時間も空間も超えて、不特定多数の人間によって共有されうるものになった。**第二に、「書く」場面にそくして考えれば、もうひとつ重要なことがあります。それは、**書き言葉を用いることで、はじめて、人は「自分自身と向き合う」＝「自分自身に問う」ことができるようになった**ということです。

## 〈見知らぬ誰か〉に向かって

ラジオやテレビの場合は別にして、話し言葉は、基本的には、目の前の、あるいは電話回線の向こうの具体的な「生きている他者」（普通は人間ですが、犬や猫や鳥や花や、ヌイグルミやパソコンに話しかけることもあるでしょう）に向かって発せられます。では、書き言葉は、誰に向けて発せられるのか。

そもそも、僕たちは何かを書こうとするとき、それを誰が読むのかを、具体的にはっきりと意識してはいません。例えば、僕が今書いているこの文章は「『ちくまプリマー新書』の読者」に向けて書かれているけれども、これだけではあまりにも漠然としているので、実際に僕が頭に置いているのは、今までつきあってきた「大学一年生」のイメージです。しかし、学生一人一人の顔を思い浮かべているわけではありません。これは授業用の原稿をつくっているときも同じで、つまり「読み手」を抽象化してぼんやりとイメージしているだけなのです。

これは、手紙やメールのように、名前も顔も分かっている相手に向けて書く場合でも、同じです。読み手である「誰か」のことを、いまそこにいるように感じながら書いているわけではないということです。

くりかえしますが、書き言葉が書かれるときには、話し言葉のように目の前に受け手がいるわけではありません。人は通常、一人で黙々と書く。この点は、ノートや原稿用紙に向かっていても、PCの前でも、携帯電話を扱う場合でも同じことです。書き言葉は、基本的に孤独な状態で発語される。

この、「必ず一人で発語する」というところが、書き言葉にとっては、たぶん、とても大切なことなのです。

一人で孤独に書く。だからこそ人は書くときに、読者を想定しなければならないのです。言い換えれば、言葉は必ず「誰か」に読まれるためにこそ書かれるのです。正確に言うなら、前にも述べたように、書き言葉は、書かれたその瞬間から、時間も空間も超えて、どこかの誰かに読まれる可能性をはらみながら存在し続けるのです。

このことをやや大げさに言い換えれば、書かれた言葉は、書かれたその瞬間から世界に属するということになります。

書かれた言葉は、書かれた瞬間から世界に属する。つまり、この世界の一部になる。印刷技術が発達し、インターネットが飛躍的に進化し、出版産業やネットが毎日毎日何十万、何百万の言葉を発信し続ける今日、この「書かれたらずっと存在し続け、どこの誰に読まれるのかも分からない」という事実はかえって意識されにくくなっているように思えます。これは、毎日印刷される膨大な量の言葉や、その何十倍にも相当するであろうネット上の言葉の大部分が、読み流され、読み捨てられ、あるいは、最初からほとんど誰にも読まれていないのかもしれないという事態に対応した感じ方なのかもしれません。たとえばツイッターで百字そこそこ「つぶやく」なんてことは、石ころだらけの河原に一個の石を投げ込むようなことですから。

でもね、どんなにささいな言葉でも、どんなにくだらない内容でも、書かれた言葉は確実にこの世界の一部として、どこかの誰かに読まれるために存在し続けるのです。前に書いたように、話し言葉は「ことがら」で、書き言葉は「もの」です。「ことがら」としての話し言葉は、録音・録画・速記などによって「記録」できるようになっていますが、書き言葉は初めから「記録」そのものなのです。このことを意識しているかどうかは人によって違うのでしょうが、日記にしてもツイッターにしても、何かを書く人は、それが「記録」として残るものであるからこそ書いているのだと思います。

書かれた言葉というものは、「もの」として残る。これは、大量にコピーされる印刷物のための言葉や、世界中で見られるネット上にアップされる言葉だけの話ではありません。

## 〈自分〉に向かって

話し言葉に必ず聞き手がいるように、書き言葉には必ず読者がいるものです。例えば、厳重に鍵のかかる、いつか焼き捨てるつもりでいる秘密の日記のようなものでも、確実に一人の読者がいる。それは、「もう一人の自分」です。

この「もう一人の自分」は、まず、何か書いているその瞬間から、存在しています。

書き言葉は、話し言葉とは正反対に、書いたその瞬間からそこに「ある」ものになる。これはつまり、観察したり、吟味したり、分析したり、批判したりする「対象」になるということです。書いたその瞬間には、すでにその言葉を確かめ、吟味する自分がいる。漫才で言えば、ボケた自分に、すぐツッコミを入れる自分が常にいる。そういう状態で、僕たちは書いている。言い換えれば、必ず「考えながら」書いている。

さらに「未来の自分」が行う「推敲《すいこう》」という作業があります。これは、「過去の自分」が書いたものに自らダメだしをして、添削を施す作業。添削と言っても、ただ間違いを直すだけではありません。よくよく吟味しながら、無駄はないか、くどくないか、筋が通っているかなどをチェックする。必要ならば書き加えたり省いたり、書き直したりする。「推敲」のおおもとは、詩をつくっている人が「推す」か「敲《たた》く」かで、我を忘れるくらいに考えるというエピソードなのですが、表現としてこの言葉でいいのか、別の言葉があるのではないかといったところも、考えるというか悩む。

我を忘れるくらいまで悩まなくても、人は一度書き終えた文章を必ず読み返すものです。例えば僕の場合、百字にも満たない挨拶メールでも、字の間違いはないか、「て・に・を・

は」の間違いはないか、この表現はおかしくないか、言葉が固すぎないか、ゆるすぎないか、失礼ではないか、何か誤解される恐れはないかといったことを意識しながら、すばやく読み返します。

挨拶メールだから気を遣うのだと思うかもしれません。でも、たとえば仲の良い気心の知れた友達相手や家族相手だとしても、あなたは書きっぱなしでそのまま送信するでしょうか。よほど急いでいるとか、切羽詰っているとか、そんな事情がない限り、何もしないでそのまま送信はしないだろうと思います。

ましてそれが、例えば好きな人へのメールだったら？　あるいは、大学入試の小論文や、履歴書の自己アピールや、入社試験の作文だったら？　何度も何度も読み返したり書き直したりするのが普通でしょう。

それは、なぜか。書き言葉というのは、書いてしまったらそれっきりだから。つまり、「書きっきり」だからなのです。

## 書いたら書きっきり

例えばこの文章だって、何度も何度も読み返しながら、書き直しながら書いています。でも、これが活字になってしまったら、そこで「書く」という作業は終わる。書かれた言葉は、書いた本人から離れて世界の一部になる。そうなったら、もう取り返しがつかない。これは話し言葉も、似たようなものです。一度口に出してしまった言葉は、あとからいくら「さっきの取り消し！」と叫んでも、聞いた人の心に刻まれてしまえばどうしようもない。僕も、ケンカしているときに「言ってはいけないこと」を言ってしまったことが何度かありますが、人というものは、それをしつこく覚えているものです。

でも、話し言葉は、書き言葉よりはましです。なにせ書き言葉は、心に刻まれるまでもなく、この世界そのものに刻まれるのですから。

このことを考えると、僕はいつも『十戒』というアメリカ映画を思いだします。旧約聖書に出てくるモーゼを主人公とした映画で、十戒とはモーゼがユダヤ人の代表として神から与えられた十のルールのことです。映画では、このルールは大きな二枚の石板に彫りこまれていました。神がどうやったのかはわかりませんが、石に彫りこむというやりかたは、書き言葉の本質をよく表していると思います。

もうひとつ、「彫りこむ」から連想されるのは「落書き」です。落書きといっても、なかにはアートとして人を感心させるようなものや、かの「二条河原落書《にじょうがわらのらくしょ》」のようにメディアとしてすぐれたものもあるのですが、ここで思いだしているのは、駅や公衆トイレで見かけるやつのことです。なかには、文字通り彫りこまれたものもよくあります。たまに、観光地の文化遺産に彫りこまれてしまった「心ない落書き」がニュースになることもあります。こういうのはほんとうに、取り返しがつかない。取り消しようがない。「書きっきり」というのは、そういうことです。

送信してしまったメール、ツイートしてしまったつぶやき、サイトにアップしてしまったブログや小説も同じことです。

ひるがえって、だからこそ人は書くのである、とも言えます。書くという営みは、何度も言うように、この世界に「自分」を彫りこむことなのです。だから、時間もかかるし、エネルギーも使うわけです。

「書きっきり」ということでは、もうひとつ大事なことがあります。一度書いた文章を、同じようにもう一度書くことはできないということです。つまり、二度と同じ文章は書けない。

これも、あたりまえのことなのに、意識されにくいことのひとつです。

だってそうでしょ？　同じものを書けるとしたら、それはたんなるコピペ（コピー&ペースト）であって、コピペという作業は「書く」とは、まったく違うことなのですから。

こういう性質のことを「一回性」と言います。芝居や舞踏や音楽やスポーツの試合など「ライブ」な表現には、必ずこの一回性が伴っています。同じことは二度と体験できない。だからこそ、人は、高いチケット代を払って、芝居やライブを見に行く。同じ芸術でも、彫刻や絵画や建築や映画や小説は、基本「もの」だから、何度でも同じものを鑑賞することができる。だから、鑑賞するのに、そんなにお金はかからないわけです。この値段の違いは、「一回性」があるかないかの違いです。

それは、観客として鑑賞者として読者としての立場からは、たしかにその通りなのですが、つくる立場、描いたり、書いたりする立場で考えてみてください。絵でも、彫刻でも、映像作品でもCDでも、そうでしょうが、同じものは二度とつくれない。その意味では、まさしく「一回限り」です。

文章もまた、「一回限り」なのです。

## 「書く」ことのコスト

そうなのです。「書く」ことには、相当なコストがかかるのです。

実際、単純に時間のことだけ考えてみても、「書く」というのは大変な作業です。たとえば、二千字くらいの文章―文庫本でおおよそ四ページくらいを「読む」のに、どれくらいの時間を要するか。むろん、個人差はあるでしょうし、読みやすい文章も読みにくい文章もあります。文章と読者との相性というのもあります。僕の場合、「いくらか読みにくい、ただし頭の中で検索をかけたり巻末の注釈を読んだりしないでも読める文章を、丁寧に読む」という設定で読んでみても、十分とかかりませんでした。

では、二千字の文章を書くのに、どれくらいの時間がかかるのか。これまた、個人差はあります。内容にもよります。とりあえず「何か調べ物をする必要がない、軽いエッセイ。不特定多数の他人に読まれる可能性がある」という設定で考えてみましょう。

しかも、「締切が決まっている」という設定にしてみても、僕の場合、たかだか二千字でも、最低三時間はかかります。場合によっては、十数時間を要することもあります。

ちなみに、僕の担当している文章を書く授業では、まず八百字くらいから始めるのですが、学生（大学一年生）たちはこの八百字を書くのに、正味二時間から、人によっては十時間以上までの時間をかけています（なかには、「無限大」の時間がかかる人もいます。これは、結局完成できなかったということですが……）。

つまり、「読む」のにかかる時間の、最低でも十倍くらいかけて「書く」わけです。このことは、例えば、十分で読み終わる漫画、二時間で見終わる映画、一時間で聴いてしまうCDなどが、どれほどの手間暇かけてつくられているのか、ということと、ほぼ同じことのように思えます。もちろん、これらの制作は、お金のかかり方も桁が違います。とくに映画は、大勢の人間が協働してつくりあげるものですから、単純な比較はできません。

「書く」ことには、あまりお金はかかりません。そのかわり、みんなの知恵を集めて協力してできることでもありません。なにしろ「書く」というのは、言葉だけを使う表現です。この「言葉だけ」という点が、実に面倒くさい。つまりコストがかかるゆえんなのです。

言葉というのは、そのときどきの都合に応じて、どこからか手に入れるものではありません。自分の中にあるものです。ただし、あらかじめ頭の中に言葉があるわけではない。書くことによって、自分の中から引き出されてくるのが言葉です。

そもそも、あらかじめ頭の中にある言葉をそのまま文字にしていくだけだったら、こんなに楽なことはないのですが、「書く」というのは、そういう営みではありません。

## 「ありのまま」に書く、なんて無理……

「ありのまま」に書こう、とよく言われます。心のありのままに、自分に正直に。なるほど、たしかにこれは、言葉を発するときの構えとして、少なくとも書くときの姿勢として、いちばん大事なことのように思えます。でもね、「ありのまま」って、言うほど簡単なことではない。いや、正確に言うなら、「心のありのまま」に書くなんてことは、そもそも不可能なことなのです。

第一に、「心」とはどういうことか。「心」というか、それとも「脳」というかはともかくとして、それはまず感覚でしょう。感覚とは、人間が五感で感じている、その感じそのもののことです。これを情報量にすると、毎秒何億ビットとかになるそうですが、もちろん、その大部分は、気がつかないうちに脳が勝手に処理してくれます。で、処理しきれないところが、意識されて、なんか暑いとか、だるいとかの「気分」になる。他者との関わりのなかでも人の心は、まず「感じ」ています。なんかもやもやする、ちょっとムカつくなどの「感情」になる。ただし、これらを感じた瞬間には、「暑い」も「だるい」も「ムカつく」も、まだ言葉として存在していません。つまり、正確に言えば、「気分」以前、「感情」以前の状態です。

　そこで、まず、言葉にしようとする。例えば、誰かとの関係がうまくいってない感触があるとき、「ムカつく」とか「なんだあいつ」とか。他人の心は分からないから、あれこれと考えてみる。でもやっぱり分からない。このとき、実は自分がどう思っているのかも、どうしたいのかも、よく分からない。だからもやもやしたままになる。最後には「もうどうでもいいや」と投げてしまって、このもやもやを忘れようとする。こんなときの心の動きを、形に例えるなら、膨らんだり縮んだり、大きくゆがんだり元に戻ったり、荒れ狂ったかと思うと不意に静かになったりと、つかまえどころがない。

　人間の内側にあるのは、目に見えない、形のない、しかも常に揺れ動き、変化し続ける「感覚」や「気分」や「感情」で、これはまだ言葉じゃない。言葉になる前のカオスです。このカオスを整理し、はっきりとした形を与え、「思い」や「考え」にしていくこと。言葉を発するというのは、このような営みなのです。

　ところが、いつも動いている心にたいして、言葉は、まったく追いつかない。どうしようもなく足りない。「ムカつく」と言ってみても、自分が感じていることのごく表面を、ほんの一部分を表しただけだったりする。

常に千変万化している「心」のありようにたいして、言葉は圧倒的に足りない。「言葉にしたら嘘になる」なんてよく言うけれど、一度形にしてしまえば、常に揺れ動く心のありようとのズレが生じるのは当然のことです。

それでも、あえて形にする。つまり、書いてみる。できるだけ丁寧に、心を、言葉ですくいとっていく。そこには、形にしてしまうことの恐ろしさや、なかなかうまく言い表せないじれったさがある一方で、もやもやしている何かが、少しずつではあっても、徐々に整理され、クリアになっていく気持ちよさがあります。さらに、この気持ちよさの先には、**書くことをとおして自分や世界を「分かって」いく**ことの面白さがあるのです。

# 第二章　「私」の言葉へ

## 語彙の問題

語彙《ごい》というのは、ここでは、ある人間が知っている言葉（単語）の全体のことです。語彙が少ないとか、語彙が豊かだとかいうのは、知っている単語の数の問題です。これは、少ないよりは多いほうがいいと、よく言われます。さっきも書いたけれども、言葉は基本的に「足りない」ものであるから、せめてより多くの言葉を知っているほうがいい。この考え方は、たぶん間違ってはいません。

たとえば、よく晴れた秋の日の夕刻、時々刻々変化する空の明るさや色、そこに見えるあらゆる色のグラデーション。あの、思わず見続けてしまう不思議な美しさは、どんな言葉にしたって表現しきれない。世界というのは、まさしくこうしたグラデーションでできていて、前にも言ったように、人間の感覚や感情も、同じことです。濃い／薄い、激しい／穏やか、鋭い／鈍いグラデーションを伴って、刻々と変化し続ける。「もの」のように固まって動かないわけではない。だからどんな言葉にしても、ずれてしまう。「言葉にできない」という言葉にするという手がありますが、これは一回しか使えない変則技で、しかも手あかのついた定番表現になっています。

書き言葉というのは基本「もの」で、現実世界は、基本「ことがら」です。このことを踏まえると「言葉によって現実を表現する」というのは、絶対不可能への挑戦であると言ってしまっても過言ではない。

さっきの夕暮れの話で言えば、そのグラデーションを色鉛筆で書こうとするなら、十二色よりは三十六色のほうが良い。そんなわけで、語彙は豊かなほうがいい。なるほど。でも、語彙の豊かさというのは、ほんとうに知ってる言葉の数の問題なのか。多ければ多いほどいいのかというと、そんな単純なことでもないのです。その点を、これから考えてみたいと思います。

そもそも、人はどれくらいの言葉を知っているのか。

井上ひさし『にほん語観察ノート』（中公文庫）という本の中に、「語彙数推定テスト」というテストが紹介されています「NTTコミュニケーション科学基礎研究所」というところが開発したもので、今でもそのサイトへ行くと、テストができます。やりかたは簡単で、並んでいる五十の言葉のなかで、知っている言葉にチェックを入れるだけでいい。

1アレルギー　2夫　3食生活　4冷える　5無責任　6黒板　7実物大　8玄米　9本心
10混浴　11バウンド　12富　13ブルマー　14知恵の輪　15強烈さ　16不用心　17湯たんぽ
18気掛かり　19天然色　20書き記す　21ノアの方舟　22波しぶき　23企てる　24勃発　25存じ上げる　26山越え　27古びる　28興ざめる　29針供養　30かっちり　31仰々しさ　32港湾
33モラリスト　34あばら屋　35耳新しさ　36土付かず　37切磋《せっさ》　38丸まっちい　39無体さ
40のしあわび　41陸半球　42道化方　43自小作　44糸道　45皇大神宮　46道芝　47藻塩　48労音　49身体装検器　50蜀江《しょっこう》の錦《にしき》

NTT　コミュニケーション科学基礎研究所　語彙数推定テスト
http://www.kecl.ntt.co.jp/icl/lirg/resources/goitokusei/goi-test.html

1から50まで、あとになるほど難しい言葉になりますが、これを全部知っていると、その人の持つ推定語彙数は六七八〇〇語になるそうです。僕の場合、五八八〇〇語でした。ただし、これは『新明解国語辞典　第四版』(三省堂)に載っている言葉をいくつ知っているかということだそうです。第四版といえば、一九八九年。二十年以上も前です。そう思って並んだ言葉を見直してみると、なるほど、選ばれている単語がちょっと古い気がします。当然、ここには「イケメン」とか、(肯定的なニュアンスの)「やばい」とか、(否定的なニュアンスの)「微妙」などの言葉は、含まれていない。となると、「やばい」も「ビミョー」も知っている僕の場合、新しい言葉もこみで、いくらか上乗せして、六万語をちょっと下まわるあたりかもしれない。これが、多いのか少ないのかはよく分かりません。だいたい、日本語にどれだけの言葉があるのかも、よく分かりません。

調べてみたら、『新明解国語辞典』の最新版の収録語は、七万七千語ですが、かの『広辞苑《こうじえん》』(岩波書店)は、最新版で二十四万語。ちなみに、この『広辞苑』、けっこう重くて、約二・五キロあります。これがつまり日本語の歴史の重みなのでしょうが、もっと重い辞書があります。物理的な意味でもページ数でも日本でいちばん重くて大きい『日本国語大辞典』(小学館)は、全十三巻で、なんと五十万項目！　さっきの推定語彙数が、僕の場合で六万とすると、九倍以上あります。いや、たいていの辞書には地名・人名などの固有名詞や、古語や方言も載っているので、僕のほうもそれらをさらに上乗せして、ええい、七万くらいはあるだろう。

ということにしてみても、五十万にたいして七万です。どう転んでも知っている言葉より知らない言葉のほうが多いことはたしかなようです。それなりに人より多くの本を読んできて、かりにも大学で教壇に立って喋《しゃべ》ったりする人間ですが、日本語の世界のほんの一部しか知らないのです。

とはいえ、それで生きていくうえで何か困るのかといえば、そんなことはありません。日常会話で「道芝《みちしば》」とか「蜀江の錦」なんて言葉を使うことは、まずありません。たとえば会話の中で知らない言葉が出てきたら、その場で聞けばいい。僕なんか、学生と話すことが多いので、年中「何それ?」「どういう意味?」と聞きまくっています。

本や雑誌を読んでいるときに知らない言葉が出てきたなら、辞書を引けばいい。いや、今だったら、とりあえずググればいい、でしょうか。

語彙が少なくてほんとうに困るのは、聞くとき・読むときではなくて、話すとき・書くとき、つまり発語するときです。

たとえば僕は、植物の名前をろくに知りません。たまに、きれいな花や、立派に葉を繁らせた木が風にそよいでいるのを見て「ああ、いいなあ。きれいだなあ、かっこいいなあ」などと思っても、その木の名前、花の名前を知らない。その場でスケッチする能力もないし、カメラ付きの携帯で写真をとる習慣もないので、そんなときは、覚えておこうと思ってじっくりと観察するのですが、観察して頭に刻んだところで、それがどんな木なのか、どんな色の花なのか、どんなふうにきれいでかっこよかったのかを言葉にすることができない。だから、あとで日記に書くこともできないし、誰かに話すこともできない。

くりかえしますが、より多くの言葉を「知っている」ことは、それだけでは言葉の力にはなりません。言葉をどれだけ「分かって」いるか、どのくらい「使える」か、さらに、どこまで「伝わる」か。これらの条件をある程度クリアしてはじめて「語彙数」は「語彙力」になる。まとめて言い換えれば、**「自分の言葉」として獲得できていないと、言葉の力にはならないのです。**

## 「経験」としての言葉

僕の担当している「日本語リテラシー」という授業では、目標のひとつとして「〈自分の言葉〉への足がかり」というのを掲げています。ここで言う「自分の言葉」って何？　という話になるわけですが、これがけっこう難しくて、面倒くさい。

そもそも、言葉というのは、あらかじめ遺伝子に組み込まれているものではないし（「言語能力」に関係する遺伝子はあるらしいのですが）だれにとっても、まず、自分の「外側」にあるものです。思いだしてもみてください。生まれて間もない、ただ、ワーワーギャーギャー泣きわめいているだけだった頃から、あなたのまわりには「よしよし」とか「あらかわいい」とか「だっこ」とか、「おしっこ」とか「うんち」とか、はたまた「おかあさん・おとうさん」または「ママ・パパ」とか、そんな言葉が山ほどあったはずです。それから、「わんわん」とか「いぬさん」「くまさん」とか、こういった言葉を、親たちは（多くの場合、絵や字を見せながら）あなたに吹きこんだはずです。そんなふうに吹きこまれて、オウムのように口真似をするところから、子どもは言葉を「覚えて」いく。つまり、最初はどう転んでも「他人の言葉」です。

では、いつから、どこから「自分の言葉」になるのか？　何をもって「自分の言葉」と言えるのか？　はじめに言ってしまえば、それは、身体で獲得した「手持ちの言葉」であって、なおかつ「自分の中から出てくる言葉」です。

「手持ちの言葉」は、どうやって獲得されるのか。とりあえずは、やはり言葉の意味を「分かる」という経験を経てからでしょう。赤ん坊は、自分が発語する以前から周りで話されている言葉を聞きながら、いくつもの言葉の意味を知っていくそうですが、ただたんに「知る」ではなく、「分かる」。知識として「覚える」ではなく、経験を通して「分かる」。これが不可欠です。

たとえば「ボール」というものを初めて見る。まあ幼児だから正確には「ゴムボール」なんですが、「ボール」という言葉を聞くと同時に、それを見る。手が使えるようになればとりあえず手にする。次になめたりかじったりしてみようとする（僕は、幼い頃は何でもとりあえず鼻と口と舌と歯で確かめていたと思います。においと味と食感。ものごころつく前のことなのに、なぜ断言できるのか。それは、ゴムやセルロイドやプラスティックや銅や鉄や、たばこの吸い殻なんかの「味」を憶えているからです）次に、大人のまねをして投げてみる。幼児ですから、投げるというより放り出すわけですが、その結果ボールが弾んで転がる。おお、なんだか面白い。

ようするに、大人の行為を真似して、なぞっている。ここでなぞられているのは、いわば「ボールという経験」です。言葉と同時にこの経験があってこそ「ボール」を「分かった」といえます。絵や写真や映像を見ただけでは、たぶんだめなのです。

さて、右のような過程を経て「ボール」という言葉を覚えるまでなら、実は犬でもできます。「ボール」と言えば、ボールを取ってくるくらい、ちょっと賢い犬なら普通にやってのける。ついでに言えば、言葉だけを真似することはオウムやインコでもできる。

「分かった」うえで、自分でその言葉を発するのは人間だけです。発語のなかで使ってみる、相手に正確に伝わる、予想通りの反応が返ってくる。「ボール」の例なら、「ボール取って」と言えば、（犬か、親か、親戚のおばさんか、近所のおじさんか、お兄さんかお姉さんか、保育園の先生か、「お友達」か……、まあともかくそのへんにいる誰かが）取ってくれて渡してくれる。ここで経験されているのは、「ボール」という言葉と「取る」という言葉を自ら発して、その言葉が他人に伝わるという経験です。

こんな経験ができるのは人間だけです。これこそが「言葉を獲得する」ことのそもそものありかただろうと僕は思います。

正確なところは分からないけれど、最初は、「これ」「それ」「あれ」なんていう代名詞や、身近にあるものの名前から覚えて自分のものにしていくのでしょう。代名詞や名詞は、子どもが覚えるレベルだったら、「言葉」と「もの」と、「ものにまつわる経験」が、その場では、ほぼ一対一で対応しています。だから、ほとんど固有名詞みたいなもので、覚えやすい。しかも、言葉が表しているものがはっきりと共有されているので、コミュニケーション・ツールとしてすぐに使える。「ボール」みたいな「もの」だけではなく、例えば「かぜ」とか「あめ」とか「ゆき」のように「こと（状況）」を意味する言葉や「おしっこ」「うんち」「お出かけ」なんていう、「行動」を意味する言葉も経験とともに獲得していく。

そんなふうに、「もの・こと」を指す・表す言葉から始まって、そのへんを足がかりにしながら、次には、「痛い」「甘い」「酸っぱい」「くすぐったい」「きもちいい」などの、感覚を表す言葉を覚え、さらに「うれしい」「たのしい」「おかしい」「かなしい」みたいな、感情を表す言葉へと広がっていくのだろうと思います。もちろん、そこには「痛い」、「酸っぱい」「うれしい」「たのしい」などを実感する経験が伴っている。いや、正確に言うなら、それらの経験に、そういう名前があることを覚えていく。ようするに、言葉というのは、本来は「経験につけられた名前」なのです。

## 「分かっている」言葉、「知っている」言葉

ところが、僕たちが獲得するのは、右のような「経験を伴う言葉」だけでありません。早い話、一人の人間の持つ語彙の数は、その人の経験の数とイコールではない。たぶん、「知っている言葉」は経験の数を遥《はる》かに上回っているでしょう。しかも「知ってるだけ」の言葉

でも、人は「手持ちの言葉」として、よく使うのです。

たとえば、前項で例として書いた、「ボール」を「取ってもらう」経験。「ボール取って」という言葉を発して、取ってもらう。ここで、「ボール」と「取る」以外に、もうひとつ覚える可能性がある言葉に「ありがとう」があります。そばにいる親（おもに母親）に「ほら、ありがとうは？」と促されるわけです。同時に、頭を押されてお辞儀させられることも多いですね。そんな「ありがとう」を、僕も何度か言わされた覚えがあります。幼い子に言われたことも、何度かある。でも、少なくとも自分が幼い頃のことを正直に考えてみて、ほんとうに「ありがたい」という感謝の思いがそこにあったかというと、そうではない。他人に感謝するというのは、心の動きです。幼児の僕は、そんなふうに心を動かしたことはなかった。つまり、この「ありがとう」は、「感謝」という経験とは関係ない。ありがたいと思う経験とはつながっていない言葉です。もちろん、これは言葉ではなくて「礼儀」の問題です。言葉の問題として考えるには、不適切かもしれません。話し言葉じゃなくて書き言葉の問題としては、似たような、もっといい例がある。

そこで、「努力」あるいは「一生懸命（一所懸命）」あるいは「頑張る」という言葉は、どうでしょうか。僕自身、小学生の頃から、何度も口にして、作文にも書いた言葉です。事実、これらの言葉は、明治から昭和までの子どもの作文によく出てくる、三点セットの慣用句なのだという研究があります。つまり、これは、書かれた言葉の問題です。

「努力」も「頑張る」も「一生懸命」も、子どもが経験しないことではない。いや、むしろ子どもの頃がいちばん、何をするにも「一生懸命」に「頑張っ」ていたような気がします。つまり、経験とセットになった言葉のはずです。でも、その頃から経験とセットになって「分かって」いるとも言いきれない。

「一生懸命」も「頑張る」も、人の状態を表す言葉ですが、人間は、そうしようと思ってそうなるわけではない。僕は、そう思います。もっといえば、実は、自分がそうしているときには、出てこない言葉ではないかとも思います。誰かの様子を見て「一生懸命だなあ」とか「頑張ってるなあ」と思う。自分自身を振り返ってみて「頑張ったなあ」と思う。

ところが、現実の言葉の経験としては、大人はこれらの言葉を命令形で使う。「評価」のなかで用いる。「よく頑張りました」「もっと頑張りましょう」。だから、子どもは、これらの言葉を、命令や期待を先取りした、建前の言葉として獲得してしまう。しかも、慣用句として使ってしまうわけです。「一生懸命」も「頑張る」も、思わず知らずそうなってしまう状態のことで、他人からも自分からも命令されることではない。「頑張れ」「頑張ろう」は、ほんらい命令ではなく、応援する言葉です。「頑張ったなあ」は、評価する言葉ではなく「ねぎらい」の言葉です。

小学生が作文で「一生懸命」「頑張ります」「努力します」と書くのは、「書かされている」わけです。正確に言えば、大人が期待するようなことを、空気を読んで書いている。

これは、経験として分かっているはずの言葉が、経験と切り離されて使われる例であると考えていいでしょう。

とはいえ、実際のところ、人は右のように「経験」とつながっていない言葉も山ほど覚えていく。経験を通して「分かる」ことなしで、知識として意味を覚えるだけの言葉も覚えなければ生きていけない。言葉の世界というのは、じつにすごいというか、面倒くさいというか、複雑なものです。

それでも、礼儀としての「ありがとう」のように、知識としていろいろな言葉を覚えて、よく分からないなりにも使っていくことは、必要なことです。子どもの頃にはよく分からずに使っていた言葉の意味を「ああこれがそうなんだ」と思うこと、たとえば、「恋」とかね。べたな例で申し訳ありませんが、こういう「知っている言葉」を「分かっていく」のもまた、大きな言葉の経験です。

## 正確に、本気で

では、自分の言葉、自分の経験とつながった、経験を通して獲得した言葉を書いていくためには、どうすればいいのか。詳しいことは四章以降でまた考えるとして、とりあえず言えることは、二つ。第一に「できるだけ正確に」書く。第二に「本気で」書く。

言葉は、経験の名前であると書きましたが、書く場面にそくしていうなら、それは「自分の経験に名前をつける」ということです。「自分の経験」というのは、自分の固有の経験です。とくに、感覚や感情や思考というのは、あなたの脳内の出来事であって、絶対に他の誰かのものではない。

たとえば、喜怒哀楽という言葉があります。「喜ぶ」「怒る」「哀《かな》しむ」「楽しむ」。僕は、これらの感情を経験したことがあるのか。たぶん、あるのでしょう。でも、よく覚えていないのです。昔から、ぼうっとした、「にぶい」子どもで、しかも感情をそのまま表現するのが苦手なタイプでもありました。だからなのか、僕は文章の中で、自分の気持ちを「喜ぶ」「怒る」「哀しい」「楽しい」といった言葉で表現することにためらいを感じます。例えば「悲しい」という言葉で間違いではないような感情を覚えたことは、何度もあります。でも

「悲しかった」と書いてしまうと、何かずれている、不正確な感じがする。では、自分のあのときの感情を、どう表現すればいいのか。これが、面倒くさいわけです。

実際、「悲しい」「嬉《うれ》しい」のような言葉だけで言い表せてしまうほど、人の感情というのは単純なものではないということは、前にも書きました。だから、「好き」とか「嫌い」とか「ムカつく」とかは、話し言葉ではよく聞くけれど、書き言葉ではそれだけで済ませるわけにはいかない。不正確だからです。

もちろん、完全に言い切った、百パーセント表現できたなんてことは基本的にない。それでも、自分の中にある言葉を総ざらいして、正確な表現を目指さなければならない。

この、面倒くささを越えて、それでも正確さを目指すためには、「本気」でなければならない。つまり、そういうことです。僕がいつも学生に言うのは「本気で書いてください」ということです。

なんだか体育会みたいな話になってきましたが、これは、根性論ではありません。「本気で書く」というのは、そんなにハードルが高いことではないと思うのです。というか、そもそも「書く」という営みには、人を本気にさせる面白さが、あるいは必然性があるのではないかと、漠然とではありますが、思っています。

人はなぜ書くのかということを、ときどき考えます。学生は、それが課題だから書く。ぼく自身、ほとんどの場合、それが仕事だから（約束だから）書いていることが多い。でも、これは動機であって、「意欲」とか「やりがい」とは違う。

そこで思いだすのは、本気で書いているときの学生の顔です。なんだかいやいやシャーペン持って、不承不承書きだした学生が、いつのまにか集中して書いている姿を見ることがよくあります。自分が高校生の頃、朝いちの体育の授業で、それこそいやいや走り出したのに、いつのまにか本気で走っていたりしたことを思い出します。

人はなぜ走るのか。急いでどこかに向かってるわけでもなく、そもそも目的地があるわけでもなく、何か見返りがあるわけでもなく、何かから逃げているわけでもない。しかも相当苦しいはずなのに。

その答えと、人はなぜ書くのかという問いの答えは、案外近いところにある気がします。あれ？　結局、体育会的な話になってしまった。

これは僕だけのことではないと思うのですが、たしかに、スポーツというのは、文章についてあれこれ言おうとするときの喩《たと》えに使ってしまうことが多い。僕の同僚の先生は、ひとつの文章を完成させる過程をマラソンに喩えていました。ともかく一度終わりまで書ききるのが折り返し点までの「往路」で、そこから手直しをする作業が「復路」。僕の場合は文章の一部を評するときに「ど真ん中のストレート」とか「変化球」とか言ったりします。サッカーに詳しい学生だったら「オフサイド」とか「いいシュートだけど枠に行ってない」とかね。

これは、野球やサッカーが、それをプレイすること自体が目的であるような、純粋な遊びであるという点で、書くことに似ているからかもしれません。休日の昼間、いい年をしたおじさんたちが、夢中になってボールを追いかけている光景を思い浮かべてみてください。せっかくの休みに、何の得があるわけでもなく、それで体を鍛えようというわけでもなく、ただ楽しいから、一生懸命にやっている。

不幸なことに、書くことは、教育のなかでは「評価」と結びつけられるような営みとしてしか存在しません。でも、それ以前に、書くことは、言葉だけを用いた「遊び」でもあったはずです。その面白さ、楽しさ、気持ちよさは、ほんらいは、スポーツやゲームのように、人を純粋に「本気」にさせるものです。

## コラム1　ツイッター

多くの人がそうであるように、ツイッターを始めたのは、二〇一一年三月からです。同時にフェイスブックにも登録しました。東日本大震災と、福島での原発の事故が同時に起こり、大混乱のなか、ともかく正確な情報と、誰かの考えを求めてのことだったのです。ちょうど休み中で引きこもり状態だったこともあって、このことを誰かと話したいという切実な欲求もありました。まあ、実際に見てみたら、「アクセスしやすい、匿名が可能なメディア」はみんなそうですが、「山ほどのゴミの中に珍しいものや光るものがたまに見つかる」という感じだったわけです。それでも、フォローする相手を取捨選択しながらこの世界につきあっていくうちに、すっかりはまりました。と言っても、フォローしている、つまりこちらが読むアカウントは百と少し。フォロワーつまり読まれている人の数はその倍もありません。しかも両方とも半分以上が知り合いの、またはよく知らない学生です。

僕は「言葉フェチ」なので、すべてのツイートを一応読まないと気がすまないのですが、一日中読んでいるわけにもいかない以上、百くらいが限度なのです。それでも、リツイートという拡散機能で、面白いネタや貴重な情報が回ってくることも多い。たまに、キイワードを指定して検索をかけて、普段読まない人のものをまとめて読んだりもします。

いろんな人のいろいろな言葉を読んでいると、自分も何か言いたくなります。誰かの言葉に反応したくなったりもします。言葉は、言葉によって引き出されるということが、よく分かります。もちろん、言葉を失うようなひどい言葉を毎日のように吐き出している人もいます。これもまた勉強だと思って、そういうアカウントをたまにまとめて読むと、本当にげんなりします。日本人の言語能力の低下を憂いてしまったりもしますが、これはまあ勘違いでしょう。普段読むツイートから感じるのは、むしろ言語能力の高さです。百四十字という制限のなかで、きちんと何かを言い切っていたり、ある場面を巧妙に描いたりしているものをたまに読むと、感心してしまいます。

ツイッターはまさに「つぶやき」で、書き言葉と話し言葉の間の言葉だという気がします。正確に言えば、書き言葉として書かれるもの、話し言葉のふりをした書き言葉であることを意識して書かかれるもの、そういうことをまったく意識せずに私生活や感情を垂れ流すようにつぶやくものなど、さまざまです。同じ人が、いろいろなパターンを使い分けていたりもします。別の角度から言えば、考えながら書かれた言葉と、何も考えないで垂れ流された、あるいは誰かにぶつけられた質の悪い言葉とのあいだに、すべての言葉が収まるのかもしれません。たとえば、企業や公的組織のアカウントは、ほぼ百%考えて書かれています。なにせ、「中の人」にとっては「仕事」なのですから。「有名人」のアカウントも、それに近いものがあるでしょう。

それでも、ツイッターに現れる言葉は基本的に書き言葉なのだと思います。そう思う理由の第一は、これが世界中の人に読まれる可能性を原理的に持つからです。しかも、この先何十年、何百年も、言葉として存在し続けることが可能だからです。ウェブ上の言葉が、どれほど残せるのか、残るものなのか、実際のところはよく分かりませんが、ハードディスクというものの耐久性は、紙よりは、遥かに高いはずです。百年どころか、千年、二千年あとまで「誰かがそれを読む」可能性は否定できない。

書き言葉だと考える第二の理由は、話し言葉では見られないような言葉のふるまいが見られるということです。偉そうな言葉、気取った言葉、企まれたような言葉、そんな言葉が多い。これは、不特定多数を相手にして発語される言葉の特徴です。つまり、たんなる「そのまんま」な言葉ではないということです。それでも、印刷された言葉よりは、話し言葉に近い。話し言葉については、第一章に書きましたが、話し言葉の持つ瞬発力と、その場での反応がこのメディアにはある。だから、普通の書き言葉よりは生々しく、その人の顔が見える場合も多い。

僕自身は、日記やメモのかわりとして、発語訓練として書いている気がします。ほぼ一年前までの自分の「つぶやき」を読むことができるのですが、そこでいくらか昔の自分を見つけて懐かしくなったり、とてつもなく恥ずかしくなったりもします。たまに、感心することもあります。実際は恥ずかしい場合が多いのですが、自分が何を思ったのかを確認することはできます。つまり、僕にとってこれは未来の自分に向けた短いメッセージなのです。ただし、日記と違っていつも他者の目にさらされている。

そのことを強く意識すると、簡単に「つぶやく」こともできなくなりますが、それでも、一瞬なにか普段と違うことを感じたとき、他者に何かを伝えたいと思ったとき、その場で咄《とっ》嗟《さ》に短い言葉にすることは、ちょっとした発語訓練になります。自分なりの、言葉によるふるまい方を練習することができるのです。

あなたがもしツイッターをやっているなら、自分自身の言葉を、定期的に読みかえすことをおすすめします。そうしないと、たんなる書きっぱなし、垂れ流しになります。ちゃんとした「文章」を書いている人のものを読むことも、おすすめします。とくに、そこにその人の顔が見えているようなものは、勉強になります。

# 第三章　書きだす前に

## 何を書くのか――「発想」

書きだす前に、何を書くのかを考えない人はいないでしょう。「何を書くのか」とは、つまり「発想」のことです。

この本での「書く」は、「散文を書く」ということです。散文で書かれるのは、日記、随筆、小説、論文、批評、レポート、作文、感想文、手紙など。これらのカテゴリーというか枠組みが、まずあります。それぞれの枠組みごとに形式（書き方のスタイル）がある。課題やレポートや試験などの場合は、決められた、与えられたテーマやモチーフがある。しかも、字数もおおまかに決まっている。

みなさんお分かりのことと思いますが、何かがあらかじめ決められているほうが、発想しやすい。僕たちが担当する授業では、毎回「お題」を提示して、課題を書くのですが、年度末に一年の締めくくりとして書く最後の課題だけ、お題なしの「何でもあり」（字数制限なし）にしています。書きたいことを何でも書きたいだけ書いてください、ということですが、ここで「何を書いたらいいのか」と悩み、苦労する人が毎年、相当数存在します。これは、あたりまえのことです。そもそも、言葉というのは、基本的に何かの物事があって、その何かに対する反応として出てくるものです。「なんでもあり」というのは、手がかりも足がかりもないつるつるの壁を登れというようなものです。つまり、自分で手がかり、足がかりを、絵に例えるなら、描くべきモチーフを自分で見つけなければいけないということです。

仮にあなたが、ネットで「ブログ」を始めるとします。テーマもモチーフも決まっていない、指定されてもいない。「ブログ」にもいろいろなタイプがあって、さっきあげた日記も小説も論文も批評も随筆も、すべて「ブログ」のコンテンツになっていますが、ここでイメージするのは、写真つきの日記や、小説ではなく、「随筆（エッセイ）」というやつです。

随筆というと、なんとなく「心のおもむくままに」「筆に任せて」書かれた文章というイメージがありますが、辞書によれば「平易な文体で、筆者の体験や見聞を題材に、感想をも交えて記した文章。」（『新明解国語辞典』第六版）ということです。「筆に任せて」ではない。

たしかに、随筆は散文のジャンルとしては、たぶん小説の次に、自由度の高い枠組みです。ただし「自由」と言っても、これは「何について書いてもよい」ということで、「どのように書いてもよい」というわけではない。この件は、またあとで書きます。

さて、「何を書いてもよい」というのは、けっこうな難問です。何度も言うように、書くという営みは、あらかじめ頭の中にある言葉を紙にうつしていく作業ではなく、頭の中にあるかもしれないいまだぼんやりとした感覚や思いに言葉という形を与えていく営みです。それから、さっき言ったように、言葉というのは基本的に何かに対する「リアクション」です。いきなり言葉が湧いて出たり、天から降ってきたりするものではないのです。

ここで、日本三大随筆のひとつ、吉田兼好の『徒然草』の冒頭を思いだしてみましょう。「暇でやることもないので、一日中硯《すずり》に向かって、心に浮かんでは消えるどうでもいいことをだらだらと書いていると、なんだか変なテンションになる」と、兼好さん、そんなことを言っておられますが、これは「たいしたことは書いておりません」という、要するに謙遜です。実際、『徒然草』各段を読めば、たしかに、書かれている内容は、花や月の味わい方だったり、人々の服装についてだったり、妙に生々しいうわさ話だったりと、段ごとにばらばらですが、心に浮かんだ断片的な感想をとりとめもなく書いているわけではない。むしろ、「あ、今日はあのことについて書こう」と、そう思って書いているに違いない。

あたりまえのことですが、ひとまとまりの文章にはひとつのテーマがあります。でも、いきなり「テーマ」から考え出すと、うまくいかない。「テーマ」というのは、ときには書きながら、たいていの場合は書き終わってから見えてくるもの。あるいは、読者が読んで受け取るものです。

そのあたりのことも、また説明するとして、とりあえず書きだそうとするときに必要なのは、手がかり・足がかりとしての具体的な題材（ネタ）です。何を書くのかを意識するというのは、そういうことです。

大事なのはこの「ネタ」を思いつく前提として、何かしら感じたり、何かしら思うこと。感じたり考えたりしたこと、すなわち「経験」があるということです。

何かを書こうとするとき、人は必ず何を書くのかを意識する。それは読んだばかりの本のことかもしれないし、今日のニュースのことかもしれない。昨日見た映画のことかもしれない。あるいは、街を歩いていて何かを見てふと思ったことだったり、電車の中から外の景色を見ながら思いだした三年前の出来事だったりするかもしれません。なんにせよ、経験があり、経験の記憶がある。それがなければ、何も書けない。くりかえしになりますが、経験とは、何か感じた、心が動いた、何か思ったことです。

もちろん、何も感じないで、思わないで生きている人はいません。私たちは、一日中、いつも何かを感じ、何かを思って生活している。夢の中でさえ、何かを感じたり考えたりしている。まったく無意識な状態でも、何かを感じてはいる。そう考えれば、今まで生きてきたすべての時間が「経験」なのだ、と言ってしまってもいいのかもしれない。

## 「忘れる」について

問題は、その経験を忘れてしまうということです。夢の中のことだけでなく、起きていたときのことでも、ほんとうに「流れに浮かぶうたかた」のように、すぐに忘れてしまう。

僕は脳の専門家ではありませんが、忘れることのプロであると言っても過言ではないくらい、すぐに忘れる人間です。小学生の頃は、クラスの「忘れ物した人ランキング」の上位五位以内を、常にキープしていました。中学生の頃は、よく学校で何かがあって心に傷を負っていたような気がするのですが、たいていは翌日には忘れてしまって、いつものように学校へ行っていたものです。大学生になって親元を離れてから、自分が忘れっぽいことをあらためて自覚して、「手帳」にメモするクセをつけたのです。それでもときどきメモを確認すること自体を忘れたりしたものです。

本屋で面白そうな本を見つけて、ぱらぱらと立ち読みしてこれはたしかに面白そうだと思って買って、家に戻ったら同じ本が本棚にある。しかも、ところどころに線が引いてあったりする。そんなことも、何度かあります。

例えば、三日前のこと。「出かけて、友達と『風立ちぬ』を見た。友達とは映画館の前で待ち合わせた。先にチケットを買って、近くのゲーセンをうろうろしてから上映時間に合わせて映画館へ。予告編の間、後ろの席にうるさいカップルがいて、大丈夫かと思ったが、本編上映中は静かだった。映画はよかった。いろいろ思うところがあった。映画の後、評判の店でラーメンを食べて、最寄の駅で友達と別れて帰った」という記憶が、今日の段階では「あいつと『風立ちぬ』見て、あの店でラーメン食って帰った。後ろの席のリア充め！　でも映画はよかった」に簡略化されています。で、この記憶は、一年後には「誰かと、あの映画館で『風立ちぬ』を観た。よかった」になり、さらに数年後には、ただの「『風立ちぬ』を見た」になっている。しかも『風立ちぬ』がどんな映画だったのか、おおまかな話の流れと、いくつかのシーンしか覚えていないでしょう。だから、テレビで放映される『風立ちぬ』を何度も見る。DVDやブルーレイを買ったりもするわけです。そんなふうにして経験を反復することで、記憶に刻みこまないと、忘れていく。

おっと、何が言いたかったのか、危うく忘れるところでした。

つまり、こういうことです。「人は、いつも忘れながら生きている」

これを読んでいるあなたが、生まれて何年たつのかは知りませんが、生まれてから今日までのすべての経験の、何パーセントくらいを覚えているのでしょうか。

「人は、生まれてから三年くらいで、そこまでの記憶を一度リセットする」ので、三歳までの記憶はないらしい。それはまあそういうものだから仕方がない。しかし、例えば僕の場合、三歳どころか、子どもの頃の記憶全体がぼんやりとしていて、誰とどんなことをして遊んでいたのかも、学校でどんな勉強をしていたのかも、そもそも生きていて何が楽しかったのか、何が嫌だったのかもよく思い出せない始末です。たくさん本を読んだことは覚えていますが、読んだ本のタイトルはごく一部しか覚えていない。そもそも、記憶に色というものがない。

中学以降の記憶にはいくらか色がついています。はっきり言って全体は暗い色です。ただ、細かいところになると子ども時代と似たようなもので、映画で言えば部分的ないくつかのシーンが思いだせるだけです。

六十年近く生きてきて、寝ているとき以外の時間に経験したすべてのことのうちで、覚えているると言えるのは、せいぜい十数パーセントくらいでしょう。しかも、その大部分が、つい最近の記憶です。昔のことになればなるほど断片的な事しか覚えていない。人生の記憶の八割くらいは、風呂場のヘチマみたいに、スカスカなのです。

僕自身が、ぼんやりとした子どもであったことや、もともと忘れっぽいたちであることはさておいて、たいていの人間の記憶は、時間がたてばたつほどうすく粗くなっていくものだろうと思います。これはほんとうに仕方のないことです。

「だからこそ記憶として残っている思い出の鮮やかさが際立つ」とか「何もかも憶えていたら疲れる」とか、あるいは「過去は忘れて、未来に向かって今を生きるのだ！」とかそんなことも思うのですが、これまでの経験が、今の「自分」を形作ってきたことはたしかなことで、つまり「経験の記憶」というのは、自分が過去の自分とつながっていることの確実な証であって、名前や生年月日や、社会的立場や所属なんかが「自分」を支えている以上に「自分が（一貫した）自分である」という確信を支えているものです。

「経験の記憶」が刻一刻失われていくものだとしたら、足元から地面がさらさらと静かにゆっくりと崩れていくような、「自分」の存在そのものがぼんやりと薄くなっていくような、何とも悲しいような心細いような、落ち着かない気分になります。

## 書くこと　思いだすこと

「なんだか、何もかも忘れていくなあ」と、僕が初めて思ったのは、高校生の頃だったと思われます。いや、はっきりとそう思ったのかどうか、やはり定かな記憶はないのですが、その頃から日記を書き始めているのです。日記をつけるということは、さっき書いたような、忘れることの不安を、ぼんやりとでも感じたのだろうと思います。まえに、「書き言葉という技術を獲得したせいで人は忘れやすくなった」という意見を紹介しましたが、僕の実感としては「忘れやすいからこそ書く」なのです。

これは、書くことで自分の思いや考えを形にする、記録する、データとして保存するという意味ではありません。書くことによって「思いだす」という意味もあるのです。いや、書くことの意味としては、むしろこちらのほうが大きいのです。

このことを示す例として、まず、ひとつの文章を引いてみます。

不思議なもので、こうして旅から帰って旅行記を書き始めると、実際の旅では感じられなかった、あるいは考えられなかった様々な事柄がよりはっきりと見えてくるような気がする。旅の途上ではただぼやっとしているだけで、見ているようでなにも見ていない。非常に冷めた状態に近いのである。しかし心の中では、これじゃいけない、もっと想念のアンテナを敏感に働かせながら、物事をより深く感じなければ、というもうひとつの自分の内部の声に発破《はっぱ》をかけられるのだが、どういうわけか心は眠ったように活動してくれない。ただ五感だけが心から離れて勝手に動き回っているだけである。だからこんな自分が、よほど感受性の鈍い人間のように思えてならないのである。また記憶力の悪いのも人一倍で、行った場所の地名や買った品物の値段などなにひとつ記憶になく、こうして旅行記など書き出したこの時点で困ること大なりである。

だから旅行が終って、いよいよ旅行記を書かなければならない羽目になった時、ぼくは実際に不安だった。ところが書き始めると奇妙なことに、少しずつ、まるで霧が晴れていくように、全く忘れていたと思っている箇所の印象が次第に明瞭になってくるのには驚いたり、感心したりしている。地名や人名、その他の名前や値段はなんとしても思い出すことは不可能だが、風景や、印象だけは現場にいた時より、よりはっきり見えてきたり、感じられたりしてくるのである。だからこうして旅行記を書きながら、ぼくはもう一度忘れものを捜しに戻っているような感じである。忘れものをした場所に次第に近づいてくると全身の感覚がぴりぴりと感じ出すのである。こんな時は再び自分が生きかえったように、急に全身に力が漲《みなぎ》ってくる。五感の働きが、潜在意識と通路を結んだ瞬間でもある。

他人は知らないがぼくの場合は、旅行中は本当にぼやっとして時間と空間の中を流れるがままに身を任せて、いちいち、ああだこうだと、物事を理屈づけて考えるというようなことは全くない。その点では非常に日常的で、旅先も東京の生活も大して変化はないと思う。だから、この旅行記の中で語っている多くの意見や感想、または印象、時には独白、そういったものは全て帰国後の机上で言語化されているもので、いちいち現場でこのように感じていたわけではないのである。現場ではただそこに立っているだけで、言葉で表現できるような感じ方はなにひとつしていないのである。

現実の旅はぼくにとって、それはあくまでも肉体の旅、外面の旅であって、魂の旅、内面の旅は今こうして一字一字言葉にしていくこの瞬間にあるような気がするのだ。

横尾忠則『インドへ』（一九七七年　文藝春秋）

これは、インドに旅行した著者が、旅先でのいろいろな経験を書いた旅行記です。三十年以上前のインドですから、ちょっとした冒険です。著者は、実にいろいろな出来事や、いろいろな人間に遭遇し、時間の流れの違いを感じたり、文明について考えたりしています。しかし、それらは書きながら思いだしているのです。経験しているその場その時には、ただ体を動かしながら何かを感じとっているだけで、しかも何を感じているのかは、意識していない。つまり、言葉にはなっていないのです。

ここで著者は、思いだしたことを書いているのではありません。書くことによって、はじめて言葉が出てくる。言葉にすることで、初めて経験がありありと生々しく思いだされる。著者にとってこの旅行記を書くことは、旅の最中には「ただぼやっとしている」だけだった「自分」を、経験とともにたしかめることだったのです。

さて、そういうわけで、「書く」とは、まず「思いだす」ことであり、「思いだす」ことは、つまり、「自分」に出会いなおすこと、「自分」をたしかめるということです。

## 思いだす　記憶の引き出し

「引き出し」という言葉は、「あの人は引き出しが多い／少ない」のように、今では、ほぼ「知識・教養・趣味」あるいは「スペック＝能力」という意味で使われているようですが、「記憶の引き出し」というのは、文字通り「机やタンスの引き出し」のイメージです。

記憶と忘却について考えるとき、この「引き出し」という喩《たと》えは、とてもしっくりきます。「忘れる」ことは、すべて失うことではなく、「記憶の引き出し」にしまいこんでいるということで、「思いだす」というのは、この引き出しを開けることなのではないか。もちろん、「引き出し」というのはあくまでも喩えであり、イメージなのですが。

この引き出しには、感覚（視覚から触覚まで）の記憶と言葉の記憶が入っていて、何百あるのか何千何万とあるのかは分かりませんが、何度も開けている引き出しは、開けやすくなっている。例えば、インターネットや銀行で必ず必要になるパスワードなんか、毎週一回は打ち込んでいるから、ほぼ開けっ放しになった引き出しに入ってるようなもんです。数字とアルファベットの組み合わせと言えば、学生時代の「学籍番号」。もう三十年くらい使ったことはまったくないのに、なぜかいつでもスラスラ出てきます。不思議なことです。

ところが、学生だった頃にどんな授業を受けたのか、どんなレポートを書いたのか、試験でどんなことが出題されたのかなどについては、やはり断片的な事しか思いだせない。

長い間開けてなかった引き出しは、ぎしぎしと引っかかって開けにくくなっているということです。しかも、それだけではない。引き出しについている、あの、引っ張り出すためのボタンのような、あるいはフックのような金具。あれが取れてなくなっていることもあります。つまり、思いだすための手がかりがない状態です。たとえば、中高生の頃の思い出を、探ってみましょうか。

うーむ……。僕の場合、ともかく何も浮かんでこない。そこで、まず学校につきもののイベントの名前を手がかりにする。「文化祭」「体育祭」「合唱コンクール」、「修学旅行」……。そうそう「部活」というのもあった。

ここで思いだしているのは、イベントそのものではなく、「中高生の頃」という言葉から普通に連想される言葉にすぎません。でも、これらが最初の手がかりにはなる。

例えば、「修学旅行」の引き出しを開けてみる。どこへ行ったのかといえば、中学では奈良・京都。高校でも奈良・京都。

いや、高校の時はたしか班ごとにルートを決めて、僕らの班は大和に行ったのだった。法隆寺とか石舞台とか、どこかの古墳とか。

あの時、どんなメンバーで行ったのだったか。うーむ、思い出せない……。

そこで人は、さらなる手がかりを求めて、卒業アルバムなんかを引っ張り出してくるわけです。写真という手がかりから、視覚の記憶をよみがえらせるわけです。

この「手がかり」つまり「引き出しのフック」の効果は、写真やビデオ、つまり視覚だけのことではなく、音やにおいや味や、肌触りや痛みが、この役目を果たす時もあります。

例えば、何かのにおいを感じた瞬間に、そのにおいと結びついている、何年も昔の経験を、状況や情景をありありと思い出すという現象はよく知られているところです。これはにおいの感覚が直接記憶に刻まれていて、しかもにおいそのものが、まったく変わらないからでしょう。バラのにおいも、枯草のにおいも、落ち葉のにおいも、その成分は何十年前と同じです。つまり、かつて経験した感覚が、そっくりそのまま再現されるわけですから、これは強力なフックになります。同じようなことは、音というか音楽、とくに歌を聞いた時にもありますが、この場合は、録音という技術が、昔聞いたのとほとんど同じ音を再生してくれるからですね。

また少し脱線してしまった。そう、書きながら思いだすという話です。

あなたは昔のことを思いだそうとしている。記憶の引き出しを開けようとしている。でも、たとえばにおいを脳内に再現するのは、限界があります。映像や音は、個人差はあるでしょうが、ある程度までいけます。それでも、感覚そのものを再現するのは不可能です。ところで、言葉は、基本、感覚情報ではなく認識の情報ですから、再現可能です。

そういうわけで、僕の担当している「日本語リテラシー」という授業では、課題を書くにあたって、まず、「書いて思いだす」ことから始めることになっています。

あらためて言います。**なにか書こうとするときに必要不可欠なのは、第一に「経験」です。第二に「経験」を「思いだす」ことです。**

思いだすための方法は、書くことです。それはつまり、手を動かすことです。

次章からは、いよいよ実践編です。とりあえず、紙と筆記用具を用意してください。

## コラム2　オノマトペ

オノマトペのことは、四章と七章でも触れています。話し言葉で使われることが多いオノマトペですが、ここで扱うのは、文章の技法（レトリック）の一つとしてのオノマトペのことです。一応、副詞（動詞や形容詞を修飾する）に分類されますが、単独で動詞や形容詞のように使われることが多い言葉です。日本語のオノマトペは、実際のところ正確な数はわからないのですが、およそ数千。この、オノマトペの数の多さは、日本語の特徴の一つであると言われています。

オノマトペは「擬音語・擬態語」あるいは「擬声語」と訳されています。犬が「ワンワン」、猫が「ニャアニャア」、雷が「ゴロゴロ」ハイヒールで「こつこつ」歩く、など、耳で聞いた音を模して言葉にしたのが「擬音語」。稲妻が「ぴかっ」っと光る。道に迷って「うろうろ」する、病み上がりで「ふらふら」する、「きょろきょろ」とあたりを見回す、など別に音がしているわけではない、ある状態や様子を音で表現したのが「擬態語」というふうに説明されます。「春の小川」の「さらさら」は、擬音語ではなくて擬態語です。このように、通常、擬音語はカタカナで、擬態語はひらがなで表記されます。

擬態語にも「だらだら」「ずるずる」「いちゃいちゃ」「ちらちら」「そわそわ」「きっちり」のように状態や動きや表情や様子を表すもの、「ずきずき」「ちくちく」「ぴりぴり」「ざらざら」「ふんわり」など感覚や感触を表現するもの、「わくわく」「どきどき」「もやもや」「ガーン」「ざわざわ」のように、音や状態を表すものから転じて心のありようを表すものなど、いろいろな種類があります。

音もにおいも見た目も味も食感も感触も痛みも、ものの状態も、場の状況も空気の感じも、人のふるまいも自分の心も、ようするに人間が感覚で感じとったすべてを「音」で表現するのがオノマトペであると言えば、まとめられるような気もします。感覚的なことがらを感覚的に表現するので、意味を考える必要なしに、ストレートに直接伝わってしまう。

オノマトペがさらにすごいのは、それぞれの感覚に対応して細かく分かれていて、イメージがピンポイントで表現できるということ。例えば、買ったばかりの野球のボールを、公園でゴールデンレトリバーに拾ってもらったときのこと。「さらさら」だったボールが、犬のよだれで「ぬるぬる」になっていた。「ぬるぬる」の一言で、あの、よだれまみれのボールの感触は、ほぼ完全に伝わります。ちなみに『GIONGO　GITAIGO　JISHO』（ピエ・ブックス）には、「ぬるぬる」について「表面が粘液で覆われ滑りやすい様子」

と書いてあります。これだけでは分かりにくいけれど、「ぬるぬる」は、手で直接感じたことです。これは「べとべと」でも「ねとねと」でも「ねばねば」でも「ぬめぬめ」でもなく「ぬるぬる」なのです。逆に、もし「ぬるぬる」というオノマトペがなかったら、ほかのどんな言葉であの感触を伝えたらいいのか、かなり悩んでしまうところです。

触った感じを表すオノマトペといえば、「もふもふ」があります。長くて柔らかい毛で覆われた動物やヌイグルミや毛布などの感触および見た目を表す言葉です。たぶん「もこもこ」と「ふわふわ」の合成だと思います。これはこの十年くらいで広まった言葉で、辞書には載っていません。でも、僕は、これを初めて目にしたときから、自分自身が、犬や猫やヌイグルミのあの感じを「もふもふ」と表現するまで、たいして時間がかかりませんでした。

誰かが発明した、初めて聞いた言葉でも、何度か見たり聞いたりするうちに感覚的に「分かる」ようになる。これもオノマトペの特徴かもしれません。

日本は漫画文化が発達していますが、漫画は、つぎつぎに新しいオノマトペを開発しています。そのうちのいくつかが、話し言葉の中で流行語になったりして、その中のいくつかは、やがてみんなが普通に使うようになり、日本語の世界に溶け込んでいくのでしょう。

例えば「シーン」という音のない状態を表すオノマトペがありますが、これは以前から静けさの表現としてあった「しんしん」や「しんとして」を「シーン」というふうに表記した手塚治虫の漫画からだと言われています。

オノマトペは文章ではあまり使わないほうがいいという考えがあります。基本的に話し言葉で、子どもっぽいからというのがその理由です。

実際、新聞記事などにはオノマトペはほとんど使われません。論文にも使われません。子どもっぽいというより、感覚的で主観的だからです。でも、だからこそオノマトペは描写に力を発揮するとも言えます。漱石・鷗外などの明治の頃の小説から、オノマトペによる描写は多いのです。たとえば、『草枕』のワンシーン。

彼は髪剃《かみそ》りを篩《ふる》うに当って、毫《ごう》も文明の法則を解しておらん。頰にあたる時はがりりと音がした。揉《も》み上げの所ではぞきりと動脈が鳴った。顋《あご》のあたりに利刃《りじん》がひらめく時分にはごりごり、ごりごりと霜柱を踏みつけるような怪しい声が出た。しかも本人は日本一の手腕を有する親方をもって自任している。

落語「無精床」を思わせる、大丈夫か？　という感じのあやしい床屋で、主人公が、シャボンもつけないで水をつけただけでヒゲを剃られているところです。「がりり」「ぞきり」「ごりごり」は、とてもヒゲを剃っている音とは思えませんが、耳元でそんな音が聞こえている感触とともにこの床屋の乱暴さがよく伝わってきます。いずれも漱石がこの場面を書くときに考えついたオノマトペだと思われます。そもそも、これらのオノマトペを、髭《ひげ》を剃るときの音として使った人は他にいないでしょう。

こういうオリジナルなオノマトペとして有名なのは「どんぶらこ」です。これは、「大きなものが浮かんだり沈んだりしながら流れる様子」を表すオノマトペですが、「桃太郎」以外に、つまり「大きな桃が流れる様子」以外には、使われた例を知りません。「どんぶらこ」から連想したのですが、サーカスの空中ブランコが揺れる様子を「ゆあーんゆよーん」と書いたのは、中原中也ですね。これも、ほかには見当たらないオノマトペです。

ひとつの作品に限定されるようなすぐれたオノマトペは、まだあります。あと二つ紹介しておきます。いずれも江戸時代の作ですが。

春の海ひねもすのたりのたりかな　与謝蕪村《よさぶそん》
梅が香《か》にのっと日の出る山路かな　松尾芭蕉《ばしょう》

「のたりのたり」と「のっ」、音としては似ていますが、前者は「ひねもす（一日中）」ゆったりと、のんびりとたゆたっている波の様子。後者は、山を歩いていたら朝日がふいに昇ったとき。両方とも春の句です。

「のたり」や「のったり」は、のんびりと動く様子を表すオノマトペとして使われていますが、「のたりのたり」と言えば、もう「春の海」しかない。オノマトペが作品の一部になっているからです。芭蕉の句もそうです。「ぬっ」と現れるという言い方は一般的に使われますが、「のっ」と言えば、「日が出る」しかない。

作品化したオノマトペでなくても、日常生活の中でオリジナルなオノマトペを使う人は、存在します。ただ、独特過ぎてうまく伝わらないことも多い。

イメージを伝える力が格段に強いがゆえに、オノマトペは慣用化しやすく、表現として安易で陳腐なものにもなりかねない。だからあまり使わないほうがいいという考えもあるのでしょう。でも、そうかといって無理に独自のオノマトペを発明しても、伝わらなければ意味がない。たしかに、そこが難しいところではあります。

感覚は、基本的に主観的なものです。自分が感じたその感触をできるだけ正確に伝えるために、どう表現すればいいのか。オノマトペは、そのための「レトリック」の一つです。つまり、言葉の飾り、言葉の工夫なのですが、伝える力が強過ぎると言えるかもしれません。国語学者の山口仲美さんはオノマトペについて「イメージの爆弾」という喩えを使っていますが、直接イメージが伝わることで、微妙で繊細な感覚を伝えそこなうということもあります。この本の中では何度もくりかえしていますが、重要なのは「正確さ」です。

オノマトペに限ったことではありませんが、大事なのは、何かを感じるとき、感じたとき、その感じを言語化するとき、自分の外にあらかじめ存在するイメージや言葉にいきなり飛びつかないことでしょう。じっくりと言葉を吟味するのは面倒くさいことですが、ぴったりではない不正確な言葉を使う気持ち悪さに較べたらたいしたことではありません。

# 第四章　エピソードを書く

以下の章では、具体的な「お題」を掲げて、より実践的なかたちで考えていきます。繰り返しますが、紙と筆記用具を用意して読んでください。

## 課題「記憶に残ること」または「記憶に残るひと」

「記憶」は、前章で取り上げたテーマです。もちろん、ここで「記憶」というのは、脳科学や心理学の話ではなく、あなた自身の記憶を材料にして「こんなことがあった」「こんな人がいた」という話を書きましょうということです。思いだす範囲は、「生まれてから今までの経験のすべて」です。

手順としては、1.メモづくり① 2.モチーフの選択 3.メモづくり② 4.執筆 5.推敲《すいこう》 6.清書 という流れになります。この流れは、ほかのお題でも基本的に変わりません。

## メモづくり① 記憶の引き出しを開ける

まず、メモづくりから。

そんな面倒くさいことはしないで、しばらくじっと考えて、ピンときたらすぐに書きだすという人もいます。書くことが決まるまで、あるいは、ぼんやりと見えてくるまで手を動かさない。でも、「ピンとくる」なんてことは、実はそうそうない。言葉というのはいきなり湧いて出るものではなく、手を動かして書いていくことで、次々に出てくる。そんなものです。もちろん「じっと考えて、書きだしたら早い」というタイプもたまにいます。頭の中で、あるていどまで流れが組み立てられる人。書くことに慣れている人。

実は、こういうやり方ができる人は、そのまま「それなりのもの」をさっさと書き上げて「それなり」で終わることが多いのです。とりあえず完成はしていて、筋も通っていて、手直しする隙もないので「それなり」以上にはならない。

あるいは、半分くらい書いたところで、これは書ききれないということに自分で気がついて、全部白紙に戻して最初からやり直し。で、同じことを何度かくりかえすうちに時間切れ、なんてことも、よくあります。

もちろん、とりあえず書きだすというやり方も「あり」なのです。「何を書くのか」で悩む必要もなく、すぐに書きだせるような強力な材料があって、しかもそれを書きたいという強いモチベーションがあれば、さっさと書きだしてしまえばいい。でも「思いつき」ていどのことだったら、とりあえずメモしておいて、また別のことを思いつく努力をしたほうがいい。今回はとくに範囲が広いので、「書けること」の可能性も広いのです。まずは、じっくりと思いだすところから始めましょう。

さて、メモというのは「何を書くのか」について思いついた、というか、思い出したアイデアの覚え書きです。くどいようですが、人間はすぐに忘れるのです。これは、僕だけのことなのかもしれませんが、とくに、思考が活性化して木の枝のように分岐しながら広がっていくようなとき（スタジオジブリの映画の、樹木が伸びていく描写を思いだしてみてください）は、ついさっきまで考えていたことも、忘れていたりします。少なくとも、僕の場合はそうなのです。だから、「いくらか先の自分」のために形にして残す。

このメモは、書きだすための最初の手がかり、足がかりになるのですが、同時に、また別のことを思いだすための、記憶の引き出しを次々に開けていくための手がかりにもなります。まずやらなければいけないのは「何を覚えているのか」を確認するということ。これは同時に「何を忘れているのか」を確認する作業です。

今回は、時系列に沿って思いだす。そこで、思いだす手順として、まず「自分年表」をつくります。七九ページが、そのサンプルです。スペースの関係で、高校時代までです。見ての通り単純なものですが、普通の年表と違って、「現在」がいちばん上で、下にいくほど昔になる。ＳＮＳ方式です。つい最近のことから思いだして、だんだん遡っていくわけです。そのほうが、いくらか思いだしやすい。とはいえ、実際は、思いだせるところからどんどん埋めていく感じになります。ここでは、必ずしも順番にこだわらなくてもいい。

大事なのは、いくらかぼんやりしながら、思考をあちらこちらに拡散させること。リラックスすること。「思いだす」というと、じっと考え込む感じですが、始めはむしろ記憶の断片が浮かんでくるように思いだすほうがいい。

表を見てみましょう。左端が大雑把な時代区分。人生に時代区分があるというのも、よく考えると不思議なことですが、この区分が最初の手がかりになる。その年の年号などは、とりあえず、書いても書かなくてもいいでしょう。これは歴史年表ではなくて、あなたの経験のリストですから。

ただし、歴史年表に記載されるような出来事が、個人の経験としても、その後の人生を左右するくらい大きい場合もあります。ちなみに僕の場合は、一九六〇年代末から七〇年代にかけての社会状況の影響は大きい。ちょうど思春期、文字通り中二病真っ盛りの時期に重なっているという事情もあります。でも、ここではカットしてあります。

次に「出来事」。ここに、思いだせる限りの具体的な出来事（エピソード）を書いていくわけです。僕のサンプルは、やはりスペースの関係で、かなり省いたものです。

ここで書くのは、あくまでも具体的な「出来事」であるということを、あらためて強調しておきます。「入学」とか「卒業」みたいな、履歴書に書くようなことではなく、人生のイベント（事件）、ささいな、でも確実な記憶。ただ、手がかりとして、部活や、学園祭や、修学旅行みたいな学校関係の行事なんかも、その名前だけを書いてみるというのは、有効です。部活や修学旅行の記憶の中に、印象的な、あんなことやこんなことが含まれていることも多い。少なくとも、入学式や、授業なんかよりは、よく覚えていることがあるはずです。

学校生活といって、楽しいことばかりという人は、いまどきそれほどいないでしょう。僕の場合は、とくに、小学校高学年あたりから中学校にかけては、楽しかったこともありつつ、嫌なこと、いま思えば恥ずかしいこと（「黒歴史」というやつです）も多くなってくる。そういったことも、思いだせる限り書いておく。

もちろん、人生は学校だけではない。家族の出来事もあるでしょう。家族も知らないよう

## 記憶に残ること・人　メモ①

| 時期 | こと | 人 |
|---|---|---|
| 高校 | ・1クラスに2人ずつの女子<br>・球技大会<br>・合唱コンクール(三年間一度も歌ってない)「社研」<br>・ひっこし<br>一年自宅　万博　上京、古本屋、観劇、京都 | さとし(後輩)<br>原さん(先輩)<br>遠山さん |
| 中学 | 高校受験失敗　互いに「おたく」と呼んでいた<br>ロールシャッハ仲間<br>○「班分け」くじびき<br>丸坊頭拒否　ひっこし | 毛利先生<br>松井くん<br>パック(犬)<br>奥井くん |
| 小六 | この頃不登校?(自覚なし)<br>○「オーケストラ」を理解する<br>○自転車(三角乗り)<br>「カマイタチ」事件「忍者ごっこ」事件 | 松下先生<br>松井先生(音楽)<br>矢高くん<br>松尾先生 |
| 小三 | 転校　ひっこし | 佐竹さん |
| 小二 | ○「ぞうきんの味」事件<br>○「避難訓練で取り残される」<br>「女子にとり囲まれる」事件<br>雪だるま<br>とうもろこしの味<br>始業式おしっこ事件<br>逃げ遅れ<br>転校　ひっこし　大きな家　米数きつめ事件　とろい子 | 行田先生<br>宮下くん<br>通りすがりのおばさん |
| 小一 | 火事(前の教会)　はったい粉の味　紙芝居 | 石田先生 |
|  | 「迷子」「逃げ遅れ」 | しずちゃん<br>みいちゃん |

な、自分だけが覚えていることだってあるでしょう。ともかく、記憶の引き出しを片っ端からあけていく。あらいざらいぶちまけるというより、ていねいに、じっくりと思いだしながら、見つけだした「ことがら」を時系列に沿って並べてみる。

右端は、「ひと」。ここには、印象に残った人の名前が入る。もちろん「ことがら」とつながっている場合が多いでしょう。そういうつながりも、線で示して書いておく。サンプルでは、先生と同級生の名前が多くなっています。僕の場合、少なくとも中学までは、先生には恵まれていたと思います。こんな具合に、ここに入るのは、おもに友達や、先生や、先輩・後輩などの名前ですが、名前も覚えていないような同級生のことや、一度しか会ったことがない、名前も知らない誰かのことも、記憶の中には残っているかもしれない。サンプルの、小二の頃の「知らないおばさん」というのは、朝の登校時、ぼんやりふらふら歩いている僕を見かねて、手を引いて学校の前まで連れて行ってくれたおばさんです。仕事に出かける時間帯が重なっていたのでしょう。次の日も、また次の日も、登校の途中からおばさんに手を引かれて歩いたのです。はっきりと覚えていないのですが、たぶん一週間くらい連続で、お世話になっていた。

僕の場合、前にも書きましたが、覚えていることはそんなに多くないのです。省いたとはいえ、もともとかなりスカスカです。子ども時代のことなんか、あまりにもぼんやりとしていて、ほんとうにそんな頃があったのだろうかという気さえしてきます。それでも、記憶の沼をあれこれと引っ搔《か》き回していると、泥の中から浮かぶ泡みたいに、いろいろな出来事が思いだされてくるのが面白い。何かを思いだすと、そこから芋づる式にさらに何かが思いだされてくるのも、ちょっと面白い。

ちなみに、このとき昔の写真や、文集のようなものは一切手元にありません。自分の脳（正確には海馬ですか）だけが頼りです。写真やビデオや、本棚のどこか奥のほうにある昔好きだった本なんかを手がかりにするというやりかたも、もちろんありでしょう。でも、この「思いだす」段階では、外側からの刺激がない状態で「浮かんでくる」感じを大事にしたい。

とはいうものの、幼少期に関しては、頼りないほど記憶がありません。いわゆる「ものごころつく」前のことは忘れるらしいので、これはあたりまえのことかもしれませんが、僕の場合、「ものごころ」らしきものが出てくるのが、人より遅かったのではないかと思います。ここで言う「ものごころ」というのは、自分と他人が違う人間であることとか、「強い・弱い」「おいしい・まずい」のようなひとつの物差しであれこれとを比べるとか、そんなことがはっきりと意識されるということです。僕の場合、どうも、小学校に入学してからしばらくの間、そういう意識がなく、ただぼんやりと過ごしていた気がします。

ものごころなるものが、いつ頃から芽生えるのか、つまりいつ頃から記憶が残っているのか。これは人によってそれなりの差があります。小学校三年生くらいまでの記憶がほとんどないという人もいます。ただ、学生たちのメモを覗いてみると、総じて女子の方がものごころつくのが早く、男子の方が遅いという傾向はあるようです。

そんなわけで、一年生の時の記憶といえば「迷子」と「紙芝居」と「教会の火事」くらいしか残っていません。それも、ぼんやりとしたイメージだけ。二年生のときの記憶は、はっきりしたものが、いくつか残っています。これは、二年生の時に引っ越しして、転校したからかもしれません。三年生の時にまた引っ越しして転校しているので、一年だけだったのですが、それなりに面白い一年だったらしい。逆に三年生になると、また、記憶が薄く、ぼんやりしたものになる。「かまいたち事件」というのは、右腕が二センチほどぱっくりと開いて三針縫ったのですが、この時、つるんで遊んでいたはずの近所の友達の顔も名前もさっぱり覚えていない。肩のすぐ下にあった傷跡が何十年かかかって今は肘のあたりまで移動しているのですが、この傷跡のせいで怪我《けが》をした経験だけが何度も反復され、記憶に刻まれているわけです。

この、経験の反芻《はんすう》を意識的にやるようになるということが、つまり「ものごころつく」ということなのかもしれません。

それにしても、こう眺めてみると、嬉《うれ》しいこと、楽しいこと、誇らしいことなどよりは、嫌なこと、恥ずかしいこと、情けないことなんかのほうが、出てきやすい。これは、僕の場合に限らず、人間の記憶というのは、そういうものじゃないかと思います。楽しかった、嬉しかった、気持ちよかった経験より、嫌だった、切なかった、あるいは痛かった経験の方が、わだかまりや、傷や、傷跡として後々まで残りやすい。だから、思いだしたくないことでも、つい思いだしてしまいやすい。そうやって何度も思いだしていれば、より深く記憶に刻まれるというわけです。

ちなみに「かまいたち事件」は、僕にとっては初めての、唯一の「三針縫うような怪我」だったのですが、小学生時代というのは、この「初めて」がたくさんある時代です。「初めての自転車」「初めての海」「初めてのお泊り」「初めての身内の死」、「初めて誰かを好きになった」など。ところが、実際のところ、よく覚えていることより覚えていないことのほうが多い。たぶん、それなりの緊張と興奮とともに、しかしあまり意識しないまま、心に刻みつけないまま「初めて」を通り過ぎて、そのあと同じことを繰り返していくなかで、馴れていく。馴れるにしたがって最初の経験を忘れていくからでしょう。

それでも、強く記憶に刻み込まれて、その後に影響を与える「初めて」というのは、あります。学生の作文に出てきて、よく書けていたのは、例えば「初めて感じた達成感」「家族以外に、初めて褒めてもらった」「初めて誰かに感謝された」、それから「初めて自分の言葉で他人を傷つけた（後悔した）」「初めて親にぶたれた」といった、それこそ心に深く刻まれるような経験です。子どもの頃は小さなイベントがたくさんありますが、心に残るような大切な経験というのは、案外、日常的な場面で生じるものです。

そんなわけで、できるだけ丁寧に、記憶の引き出しの奥の方まで覗き込んで、思いだしてみてください。

## ネタを選ぶ　何を書くのか

さて、年表があんなことやこんなことでそれなりに埋まったでしょうか。

正確に言えば、ここにあるのは、歴史年表と同じように、出来事の名前のリストです。記憶の引き出しから引っ張り出したあれこれに名前を書いたラベルをつけて並べた。いま、この段階です。次にやるのは、このリストを見ながら何を書くのかを検討する作業。つまりネタの選択です。書きだす前の手順として、これは大事な課程です。ここで間違えて、もうひとつ面白くない文章を書いてしまうというパターンが、多いからです。

思いだしていると、それぞれのエピソードについて、書けそうな感じ、書いてみたい感じがある場合と、それほどでもない場合とが出てきます。「書けるか書けないか」「書きたいか書きたくないか」、これは二つに一つではなく、二つの間に「書けそうかもしれない」「書きたいような書きたくないような」みたいな、微妙なものもありますね。ともあれ、そこにネタとしての可能性の濃淡が生じます。そこで、あらためてそれぞれを思いだしながら、まず可能性がほとんどないものを消す。「取捨選択」と言いますが、つまり「選ぶ」とは「捨てる」ことです。

まず「書ける」可能性がほとんどないものを捨てる。たとえば、イメージだけのもの。さっきの「かまいたち事件」なんか、ぱっくり割れた傷のイメージは鮮明なのですが、前後の記憶がない。誰と何をしていたのか、怪我をした後どうなったのか、どんなふうに手当されたのか、さっぱり覚えていない。これではストーリーがつくれないわけです。筋がなければ、エピソードになりません。しかも、そのとき自分がどんなことを感じ、思ったのかというところが、ぼんやりとしていて言葉にならない。これでは「出来事」として文章化できません。

もっと昔の「教会の火事」「紙芝居」「初迷子」なども言わずもがな。イメージは鮮烈に残っているから、絵心があれば絵は描けるかもしれませんが、文章にはならない。そういう項目には、さっさと×をつける。

次に「気持ちが動かない」ものを、捨てる。「気持ちが動かない」ということは、思いだしてもたいして面白くないということです。「書きたい」と思えないということは、その出来事に、これという思い入れがないわけですから、無理して書こうとするとどこかしらつくりものめいた、嘘くさい話になってしまう。ちなみに、これは「いい話」を書こうとしたときに起こりがちなことです。

「出来事」が、ひとつの場面にしぼりきれない。これも、書くのは考えものです。これといった事件もなく楽しく過ごした「修学旅行」や、緊張も刺激もあり、いろんな経験をしたけれど、たいしたトピックのない「短期留学」などが、そのパターンに陥りやすい。全体がひとつの経験として記憶されていて、よく考えると、これといった単独のエピソードがないのに、書きだしてしまう。

「部活もの」も、似たような事情で失敗しやすいモチーフです。「部活」というのは、中学までは必修で、高校でも入る人が多い。経験として記憶に残りやすい。とくに、各種スポーツや、ダンス、吹奏楽、演劇などは、「先輩・後輩」「仲間」「顧問の先生」「きつい練習」「大会（本番）」と、いくつかの定番的な要素がそろっていて、物語の筋が追いやすく、書きやすい。しかも、大切な、懐かしい思い出として記憶に残っている。ところが、エピソードとして深く心に刻まれている場面があるかというと、そうでもない場合が多い。読んでも、それほど心を動かされない。それは仕方がないことです。部活を描いた漫画やドラマや映画は数多くありますが、あんなドラマチックな展開なんか、現実にはほとんど起こらない。別の角度から言えば、現実の人間関係はあんなに単純で分かりやすくはない。言ってしまえば、実際の部活はもっと普通で、地味です。もちろん、経験としての価値が低いというわけではありません。ただ、一年生で入部して三年続けた、その「三年間」がひとつの経験だったりするので、エピソードを切り取りにくいのです。

「部活」や「修学旅行」でも、そのなかで何か印象的な出来事があって、その場面やそのときの心の動きなんかを、ありありと思いだすことができるなら（印象に残るというのは、そういうことです）ネタとして十分にいけます。不思議なことに、いや、やっぱりと言うべきでしょうか、トラブルやもめごとや失敗のほうが多いのですが。

そういえば、昔の知り合いで、高校三年の夏に、高校野球の県大会の決勝で、自分のパスボール（彼はキャッチャーでした）でサヨナラ負けしたという経験を持つ人がいました。これは彼の人生に深い傷をつけ、大きな影を落としていた出来事でした。こういう例は、たしかにドラマチックではありますが、書けるまでには相当な時間がかかるでしょう。

右のような経験。つまり、印象が強すぎてうまく書けないという経験もあります。「出来事」との距離がまだ十分に取れていない。気持ちの整理がついていないから、うまく言葉にできないという場合です。例えば、家族や友人の死、その人との関わりが濃ければ濃いほど、書けるようになるのに時間が必要です。「離れて暮らしていたおじいちゃんが、九十歳過ぎで亡くなった」というような場合は、人によりますが、それほど長い時間はかからない。でも「子どもの頃から家族の一員だったペットが死んだ」これも人それぞれでしょうが、少なくとも一年くらいたたないと無理です。「両親の離婚」「いじめられた経験」「（何かどうしようもない事情があって）夢をあきらめた」「同級生が自殺」など、かなり重い経験の場合も同様です。

そのような経験は、いずれも心の傷として、あるいはなにかしらのわだかまりとして記憶に残っていることがらです。わだかまっていて、整理がついてないからこそ「書こう」という強い思いにもなります。強く思わなくても、多くの学生が、何かに引き寄せられるように、そういったことを書こうとします。書くという営みの特別さを考えれば、これは自然なことではあります。書くことで、はじめてその経験との距離が取れる。わだかまってもやもやしていた気持ちに収まりがつく。そういうことは、たしかにあります。

ただし、これはちょっとしたチャレンジ、場合によってはかなり大変なチャレンジになります。例えば僕の場合、母親に関するエピソードは、何度か書こうとしていまだに書けないもののひとつです。母は晩年心を病み、その後認知症になり、もう二十年ほど前に亡くなっているのですが、感情のエネルギー量の大きい、しかも「意識高い系」の母親で、長男である僕は、いろんな意味でその影響を強く濃く受けています。ひらたく言ってしまえば「マザコン」ですが、そんな言葉ではとても説明しきれないもろもろの感情が、書こうとするたびにもやもやと渦巻いて、結局は、書ききれないのです。

ただし、書いてみなければ分からない部分が大きいとは言えます。これは、心に傷を負った経験や、まだ整理しきれていない経験に限ったことではないのですが、自分では、まだまだ思いだすのがつらいと思っていても、書きだしてみたら意外にちゃんと向き合うことができたということもあります。つらい思い出について、ほとんど泣きながら、頑張って書ききった人もいます。もちろん、やっぱりまだ無理だったということもあります。とりあえずチャレンジしてみるという手はあるでしょう。その場合は、年表のその部分にはクエスチョンマークをつけておく。

ところで、「身内の死」と同じ「別れ」でも「失恋」の場合は、早くて三か月、長くてもせいぜい数か月たっていれば大丈夫みたいです。次の彼氏または彼女がいようがいまいが、一年とたたないうちに、そのこととの十分な距離ができる。実に冷静に、丁寧に、細かく、自分がどんなに嘆き、悲しんだかを言葉にできる。恋愛というのは、とくに若い頃の恋愛というのは、そういうものなのかもしれません。

さて、こんなふうに×をつけたり、?をつけたりする一方で、書きたい、書いてみたいという方向に気持ちが動くものは丸で囲みます。囲んだものに、バツをつけなおしたり、クエスチョンマーク「?」をつけたものに、あらためて丸をつけてみたり、そんなことをひとしきりやってみる。ネタを吟味しながら、もう頭の中にいくつかの場面や言葉が浮かんでいるかもしれません。ともあれ、そうやって、何を書くのかをしぼりこんでいって、いくつかの「候補」を決めます。

僕の場合、小学校二年生の頃を中心に小学生時代から四つ、中学時代にはひとつ丸をつけてあります。

## メモづくり②　流れを再現する、あたりをつける

いくつかの（もちろん、ひとつでもいいのですが）まあ、多くても五つくらいの「候補」が決まったら、それぞれについて、またメモをつくります。ここで、いきなり書きだす人も多いのですが、メモ①と同様に、手間を省いたつもりでかえって時間がかかるというパターンになりがちです。九十三ページが、サンプル。丸をつけた中から、三つの話をセレクトしました。仮のタイトルもつけてあります。

ここでは、まだ名前だけのそのエピソードについて、具体的な場面を思いだしながら、つながりと流れを意識して、言葉を書いていく。もうほとんど書きだしている状態のようですが、見てお分かりのように、違います。

ここでやっているのは、例えば「九回裏逆転満塁サヨナラホームラン」を、「四球で出た最初のランナー」から「ホームにかけよる選手たち」まで、細かく区切って記述するというようなことです。野球の場合は、スコアブックという専用のノートに、記号を使ってボールカウントや球種まで書きこめるようになっていますが、そこまで細かくなくてもいい。ようするに「ことのなりゆき」を、あとで文章化する自分のために、ざっとおさらいして再現し

ておくということです。自分にさえ分かればいいので、ここでは、簡単な絵や記号を使ってもいい。この部分を、すべて簡単な絵だけで描いた人もいました。なお、メインになるエピソードの基本設定（「いつ」、「どこで」など）も、ここでは書かなくてもいい。

前にも書いたように、書くという行為は、頭の中にある文章を紙にうつしていくことではありません。たしかに、文章はまず頭の中に出てくる。ただし、何もないところから湧いてくるものでもなく、言葉に触発されて、言葉が呼び水となって出てくるのです。この二つ目のメモは、文章を想起するためのきっかけの言葉としての意味も持ちます。

メモ②の意味は、もうひとつあります。筋を粗く書きながら、どんなことが書けるのか、どんな感じで書いていけるのかの感触を、手探りでたしかめる、ということ。絵や漫画を描く人は、書きだすとき、下書きよりも粗い線をささっと描いていくことを「あたりをつける」と言いますが、まさしくそんな感じです。ただし、文章の場合は、あらかじめイメージした全体像から、ずれていくことがあります。書きだしてみないと分からないことは、いくつもあります。

さて、僕の場合ですが、あたりをつけてみた結果、三つの候補のうち、三つ目の話は分かりやすくて興味深いものを含んでいるものの、分かりやすいだけでたいして面白くないので、

「記憶に残ること・ひと」　メモ②　サンプル

| |
|---|
| タイトル：「汚い」トウモロコシ<br>始業式　列の前にいた女子（同級生）がおしっこしてしまった（名前忘れた）。濡れた。→その子の家は学校から家までのちょうど真ん中くらいにあり、他の家から離れたところにぽつんと建ったボロな家だった。→学校から一人で帰る途中、その子の家からお婆さんが出てきて、トウモロコシをくれた。→いつも食べている黄色いのと違った。色も変。粒そろってない。→なんだか汚い感じがして帰る前に捨ててしまった。→帰宅後母親に報告したら「あら、もったいないことを。そういう種類のもある。」と言われた（とくに怒ったわけでもない）。→いろいろな意味での罪の意識。←生まれて初めて感じた。<br><br>ちょっと重い話。 |
| タイトル：逃げ遅れる<br>A．保育園の庭　薪の山に登る→「コラー！」→自分だけが取り残される。下から見上げる女の先生の怒った顔。<br>B．掃除中三人でふざけていた。→「コラ！」の声とともに先生の雑巾が飛んでくる。→顔のど真ん中に命中。雑巾の味。→先生は焦って洗面所に連れて行き、顔を洗ったり口を漱がせてくれたり。→ちょっとラッキーと思っていた。<br>C．避難訓練の日、ちょっとトイレに行って戻ってみたら、生徒全員校庭に集合し終わって、一人校舎内に取り残されていた。<br>※　鬼ごっこやドッヂボールがにがてだったわけではない。<br>※　運動会の「ダンス」では一人だけワンテンポ遅れていた。<br>※　通学しはじめてしばらく、知らないおばさんに手を引かれて通っていた。 |
| タイトル：班分け学級会<br>班分けのための学級会。どうやって班を分けるか。正しい班分けとは。<br>いろいろな意見。「先生が決める」「好きな人同士が班をつくる」「班分け委員を選んで委員が決める」「相性とかバランスとか考えて決める」。<br>私「何をどう考慮しても、しょせん十分ではないから、くじびきでいい」→「いいかげんだ」「ちゃんと考えるべきだ」など、反論多数。<br>最後に先生（しばし考え込んでから）「くじびきがいいと思う」<br>多数決投票→「くじびき」に決定。<br><br>言論による説得ではなく、「鶴の一声」だった。 |

外すことにしました。一つ目は、長い間僕の心の隅にひっかかっていた問題で、やや重い。ということで、二つ目を書きだすことにします。

いよいよ書きだします。さっさと書きだすタイプとは逆に、なかなか書きださない人もけっこういます。メモ①の、ネタの選択のところで悩んでいたり、メモ②で、流れが分岐して、あれこれと広がってしまって、どこから書いていくのか分からなくなったり、あるいは、何か踏ん切りがつかなかったりして、書きだせない。これは、いきなり書きだすよりはまだいいのですが、「ともかく書きだしてみようよ」と言いたくなります。書きだしてみないと分らないことは多いとさっきも言いました。分らないことの第一は「書けるのかどうか」です。知らない道やうろ覚えの道が、どこかへ行けるのかどうか、歩いてみないと分らないのといっしょです。書きださないと何も始まらないのです。

## 「書きだし」の問題

「書きだしを思いつかないのは、書くことがない人だ」という、多田道太郎先生の名言があります。いやいや、ここではもう書くことは決まっているのです。それでも、書きだしで悩む人は多い。

思うに、これには二つの事情があります。第一に「初動の問題」。自動車でも……、いや、ここは身体の問題でもあるので、自転車のほうが分かりやすいでしょう。こぎだして、いきなりトップスピードで走れるわけはありません。言葉も同じです。とくに書き言葉は、最初が重いのです。イメージするのは、自転車というより、石でできた大きな車輪のようなものです。石臼の回す部分をもっと大きく、両腕で抱えきれないくらいの大きさにして、これを縦にして、真ん中に太い鉄の軸を通す。この大きな石の輪を、手をかけて回そうとしても、すぐには回りださない。えいやっと力を込めて、やっとじわじわと、ゆっくりと回りだす。徐々にスピードが上がって、やがてそれ自体の勢いでもっと早く回りだす。そんなイメージです。ちなみに、この石は、回すのをやめてもなかなか止まらないという性質も持っています。深夜、調子よく何か書き終わったあと、すぐには眠くならないのは、頭の中の石が回り続けているからです。

これを言うのはもう三回目ですが、言葉というのは、言葉が呼び水になって次々に出てくるものです。何もないところからスタートして、言葉がスムーズに出てくるまでに時間がかかるのはまったく自然なことです。実際、たいていの人が、書きだしで悩むだけでなく、始めのほうの数百字くらいは、文章がどこかぎこちなく、ぎくしゃくした感じになる。接続詞が変だったり、主語と述語が対応してなかったりもします。

　ということですから、最初のひとことが、すぐには出てこないのもあたりまえなのです。しかも、これにもうひとつの事情が絡んでくる。

　書きだしを思いつかないもうひとつの事情とは「書くことがない」からではなく、書くべきこと以外の余計なことを書こうとしているからです。

　今回の課題だったら「人生〇〇年生きてきたなかで、いろいろなことがあった」とか、「記憶に残ること、と言われても、たくさんあるので悩んでしまう」とか、あるいは「記憶に残ることと言われても、覚えていることはあまりない。私は、なんでもすぐ忘れやすいのだ。」とか。そんな、落語のまくらみたいな導入部は、書かなくていい。むしろ、書かないほうがいいということです。

　いきなり本題を切りだすのは、何か唐突で、失礼な感じがする。そんな感じがあるのは分かります。読み手のことを考えるのは、大切なことです。でも、ここで書く文章は「お礼やお願いの手紙」でも「何かのお知らせ」でもない。

　この「本題から書きだす」は、作文技術の世界では、ほぼ共通認識になっていて、たいていの「文章の書き方」について書かれた本には「すぐ本題に入れ」というようなことが書いであるはずです。つまり、「いきなり」がいいということです。

実際、よく書けた文章の書きだしが、いつも「いきなり」だということは、そのへんにある国語の教科書でも、文庫本でも、手に取って最初のページを開いて見れば分かることです。思いだすままに、いくつか例を挙げてみましょうか。

「はじめに言葉があった。言葉は神とともにあった。言葉は神であった」

これは、『新約聖書』の『ヨハネによる福音書』の書きだし。世界の始まりについて語っているとはいえ、「神は初め天と地とを創造された」から始まる『旧約聖書』とくらべても、かなりいきなりに世界が始まっています。

「メロスは激怒した。必ず、かの邪智《じゃち》暴虐の王を除かなければならぬと決意した」

言うまでもなく、太宰治『走れメロス』の有名な書きだしです。いきなり「激怒」して「決意」しています。

「親譲りの無鉄砲で子供の時から損ばかりしている。小学校に居る時分学校の二階から飛び降りて一週間ほど腰を抜かした事がある」

これは、夏目漱石の『坊ちゃん』の書きだし。最初の一文もいきなりですが、続く文もいきなりです。漱石で、もうひとつ、有名な書きだしを紹介しておきましょう。

「山路《やまみち》を登りながら、こう考えた」『草枕』ですが、やはり、いきなりです。で、そのあとが「智《ち》に働けば角が立つ。情に棹《さお》させば流される。意地を通せば窮屈だ。とかくに人の世は住みにくい」これまた、いきなり何を言い出すのかという文章です。

「伊奈の村は対馬も北端に近い西海岸にあって、古くはクジラのとれたところである。私はその村に三日いた」

これは、宮本常一の『忘れられた人々』。小説ではなく、日本中を歩き回った民俗学者による、日本のいろいろな地方についてのエッセイ集。その最初の一篇「対馬にて」の書きだしです。「いきなり」というか、端的な書きだしです。風景とか、空気とか、何しに行ったとか、余計なことはいっさい書いてない。いつ行ったのかも書いてない。ただし、この著者は、それが「必要な情報」だったら、風景のことも書くのです。

いずれの例も、いきなり「本題」に入っています。『走れメロス』『坊ちゃん』は、物語の中心に常にいる主人公の性格を端的に表現している。「対馬にて」も、いわば文章の主役である「伊奈村」という土地に踏み込んでいる。『草枕』の書きだしは、この作品のメイン・テーマにまっすぐつながっていることが、このあと分かります。『ヨハネによる福音書』は、福音書のなかでも変り種と言われているものですが、「本題」は「イエス」なので、「いきなり本題」とはちょっと違うかもしれません。でも「世界は言葉から始まった。言葉は神である。」という世界観の説明として、実に端的です。つまり、ストレートに言うべきことだけを言っている。

書きだしは「いきなり」でいい。ぐずぐずもたつかないで、はっきりと言う。

そのためにこそ、先に準備したメモ②が、あります。このメモを見ながら、どこから書きだすのか、何から説明するのかを考えてから、書きだせばいいのです。

どこから書きだすのかは、人それぞれです。時系列を追って順番通りに書いていくのが、やはりいちばんオーソドックスな書き方ですが、いきなり緊迫したシーンから書き始める人もいます。文章で表現される世界に、読者をいきなり引きずり込む、という意味で効果的です。小説だけでなく、ドラマなどでもよく使われるテクニックですが、Jポップでも、いきなりサビから歌いだすような楽曲はありますね。あれは、歌うのがけっこう難しい。文章の場合も同じことで、構成としては、いくらか高度なテクニックです。

この、「サビから始める」書き方は、何だか「かっこつけてる」感じが恥ずかしいので、僕は基本的にやりません。これは、いい悪いではなく、言葉のふるまいの、そのふるまい方の好みの問題です。そもそも文章というのは、いくらか「かっこつけて」書くものです。だから、恥ずかしいと言えば、基本的に恥ずかしいのです。

さて、メモ②を手がかりにして、書き出します。二つ目の話にしました。これは、エピソードがひとつじゃないというところがいくらか問題なのですが、「自分」を描くだけなので、書きやすそうな感じがします。とりあえず、オーソドックスに行くことにして、まず書くのはタイトルと、この文章の、中心的なテーマの提示です。「子どもの頃からどんくさいお子様だったので、よく逃げ遅れていた」ほんとうは、大好きな『坊ちゃん』を真似して「親譲りのノロマで」と書きだしたいところなのですが、両親とも別にノロマではなかったので、そう書けないのが残念です。

次に、エピソードの記述。まずAですが、ここではまず「いつ」を書く。次に「どこで」を書く。この順番は、エピソードBも、エピソードCも同じです。そのほうが読みやすい。

同じパターンをくりかえすことで、文章に大きなリズムが生まれるという効果もあります。

Aのエピソードは「保育園の頃、冬の準備のために、保育園の庭に薪《まき》が積まれた」Bは小学校二年生のとき。Cも同じく小学校二年生のときです。場所は、いずれも学校です。

## 5W1H　情報の整理と提示

いわゆる「5W1H」というのは、新聞記事の書き方の基本とされているものです。いつ(when)、どこで(where)、誰が(who)何を・何が(what)、なぜ(why)、どのように(how)。この六つの要素を、整理して説明する。新聞記事に限らず、たいていの文章は、この六つを、順序良く、整理して分かりやすく並べることで成り立っています。

前の項目「書きだし」では、「いつ」から始めて、次に「どこで」という順番で書くことにしました。この順番は、「昔々、あるところに」という語り方と同じです。つまり、物語の書きだしのひとつの型です。まず時間を、次に空間を示す。このあとには、たとえば「竹取の翁《おきな》がいた」というふうに続きます。つまり、「時間」「空間」「人」という順番で、提示・説明する。もちろん、これはあくまでも基本の型ですから、とくに小説なんか、何でもありですから、表現の工夫として、別のやり方、別の順番で書いているものは、いくらでもあります。でも、「いつ」、「どこ」は、比較的早い段階で必ず提示されることになっている。これが一般的なやり方です。まったく架空の世界でも、「宇宙歴〇〇年」とか、「なんとか系第三惑星かんとか」みたいに「いつ」「どこ」が示される。どんな世界でも必ず時間が流れていて、空間が存在する。このことをまず確かめなければ、世界が始まらないということです。なにせ、その世界は、言葉にする以前は、作者の中にしか存在しないのです。言葉という、制約の多い表現ツールで、世界を構築しなければならないという、その難しさが、ここにはあるように思います。

とはいえ、「いつ」は、「昔々」でも、「いつの世のことでありましょうか」でも、「よく覚えていないが、俺がまだ小さいガキの頃」でも、なんでもいいわけです。「どこ」は、「あるところ」でも、「宇宙のどこか」でもいいのです。それだけでも、ある枠組みとしての時間と空間が読者にイメージされるからです。

もちろん、ここで書こうとしているのは、フィクションではありません。あなたの経験した現実です。でも、その記憶はあなたの中にしか存在しない。その出来事を一緒に経験した誰かがいても、いなくても同じことです。あなたの経験は、あなたのものでしかない。あなたが経験したその世界は、とりあえずは、あなたの中にしかない。その意味では、フィクションの描こうとする世界が作者の中にしかないのと同じです。

そういうわけで、エピソードの前提となる基本的な情報の提示は、大事なのです。

ここで、三章の最後で言った「正確に」ということを、思いだしてください。文章でいちばん大切なのは「正確さ」です。5W1Hのすべての要素を、できるだけ正確に言葉にできれば、伝わるのです。

これは「何年何月何時何分何十秒」というような、正確さのことではありません。「北緯何度何分東経何度何分」みたいなことでもありません。もちろん、客観的な情報をおろそかにしていいということではありませんが、書こうとするのは、新聞の記事や、ルポルタージュではなく、あなたが経験したこと記憶していることです。できるかぎり細かく思いだしたその記憶を、できるだけ正確に言葉にしようということです。だから、細かいところまで思いだせなくても、その記憶に忠実なら「まだ小さかった頃」「近所の公園で」でもいいのです。覚えていなければ「よく覚えていない」でもいいのです。

5W1Hのなかで、正確さという意味で「いつ」「どこで」「誰が」以上に大事なのは、実は「何が・何を」「どのように」の部分です。その経験の意味を考えるためには、「なぜ」という問いも重要なのですが、今回の課題では、とくに「どのように」を意識する必要があります。エピソードを書く上で肝心なのは「再現性」、言いかえれば「その場にいるような臨場感」です。そういう意味で「何が」「どのように」起こったのかを描くことを「描写」と言います。

## 説明と描写　何を伝えようとするのか

5W1Hのうちで、「いつ」「どこで」「誰が」は、新聞記事的な、おおむね客観的な情報です。「おおむね」というのは、あなたが記憶違いをしている、勘違いしている可能性があるからですが、新聞記事じゃないので、そこは意識しなくてもいい。ここで「客観情報」というのは、それが「説明」することだからです。「説明」する上で意識するべきことは、客観的な情報をコンパクトにまとめて、わかりやすく述べることです。

正確な、間違いのない客観情報だけで構成されるべき新聞記事や、「ルポ」や「レポート」のようなジャーナリスティックな文章では、名詞・固有名詞と動詞だけ使えばいいという極端な考えもあります。形容詞や副詞は主観が入るから、不要であるだけでなく、たしかな客観情報だけを伝えるという意味では、有害であるということです。

ひとつ例を示しましょう。

東日本大震災の発生から十一日で三年半になるのを前に、福島県浪江町沿岸部でがれき撤去作業が本格的に始まった。

東京電力福島第1原発の北約八キロに位置する同町請戸（うけど）地区は、かつて海沿いに住宅が建ち並び田畑が広がっていた。しかし原発事故後、住民は避難を強いられ、雑草が伸び放題の荒れ地に変わり果てた。津波で打ち上げられた漁船や風雨にさらされさび付いた自動車が、あちらこちらに残されたままだ。

重機で集められた漁網、布団、タイヤなどは可燃物・不燃物に分別され、町内の仮置き場に搬送される。

同地区は昨年4月に避難指示解除準備区域に再編された。


これは、二〇一四年九月の「毎日新聞」のニュースの、リード文と、記事本文です。（傍点は引用者による）たしかに、形容詞も副詞もほとんど使われていないなか、傍点で示したのが形容動詞と副詞的な表現。「説明」に使われているのは、最初の一文の「本格的に」です。ここでは「誰が」が省かれて「いつ」「どこで」「何が」が、説明されています。その上で、「どのように」にあたるところに「本格的に」が使われているわけですが、これは「本格的」ではない撤去作業は、今までにも行われていたということを意味しています。次の一文では、この地区の「変わり果てた」様子を「描写」するために、二つの副詞的表現が使われています。描写としては不十分ですが、現場の状況をいくらかでも伝えようとした形跡は見られます。もちろん、「論説」や「コラム」ではない、新聞の「記事」としてはこれで十分なわけです。あとは写真に任せる場合もあります。

新聞記事には、読者を引きこんで心を動かしたりする必要はまったくありません。伝えるのは「事実」だけです。だから「描写」も必要ない。形容詞や副詞はいらないという極端な考えにもなるわけです。

一方、ここで書く文章で伝えようとするのは、あなたの固有の「経験」です。伝わるかどうかについて「描写」は重要な要素になります。そこでは、むしろ、形容詞や副詞、形容詞的な、副詞的な表現が活躍するわけです。

形容詞というのは、ものやことの状態や性質を表す「〜い」という形の単語。「熱い」「冷たい」「赤い」「大きい」などですね。ものやことの状態を表す名詞に「〜だ」をつけた形容動詞というのもあります。「静かだ」「大変だ」など。これらの形容詞・形容動詞や動詞を修飾するのが、副詞です。「とても」「かなり」などですが、たとえば「めっちゃ」とか「激」なんてのも、副詞的な表現です。また、「まるで〜ような」といった比喩も、副詞的な表現です。

これら、形容詞、形容動詞、副詞などが「主観的」であるということは、少なくとも客観情報として不正確であるということは、分かると思います。たとえば「赤い」も「それが赤い色である」という客観情報ではなく、「あなたがそのように感じた」ことの表現です。もちろん、たいていの人が「赤いもの」を「赤い」と感じて、そう表現するので、たとえば電話で忘れ物をたしかめるとき「そのへんに赤いノートおいてない？」と聞いても、通じます。でも、たまに「え？　茶色のならあるけど」なんて場合もありますよね。他人にどう見えているのかは、分からない。裏返して言えば、自分にどう見えているのかという感覚も他人には分からない。丁寧に正確に表現しないと、伝わらないということです。色の感覚だけでなく、「大きい・小さい」も、「暑い・寒い」も「静か」とか「うるさい」も、そうです。HOW、つまり「どれくらい」を、どう表現するのか、工夫しなければならない。

## 描写の技法

正確を目指すという意味で、「説明」は「コンパクトに、分かりやすく」でいいのですが、「描写」となると、もっと面倒くさいことになります。「丁寧に、でもくどくならないように、端的に」。形容詞や副詞や、比喩を用いた表現も的確に使いこなさないと、かえって伝わりにくいことになります。

ここで、「描写」の参考に、ひとつサンプルを読んでみましょう。

**飯待つ間**　**正岡子規**

余は昔から朝飯を喰《く》わぬ事にきめて居る故《ゆえ》病人ながらも腹がへって昼飯を待ちかねるのは毎日の事である。今日ははや午砲が鳴ったのにまだ飯が出来ぬ。枕もとには本も硯《すずり》も何も出て居らぬ。新聞の一枚も残って居らぬ。仕方がないから蒲団《ふとん》に頬《ほお》杖《づえ》ついたままぼんやりとして庭をながめて居る。

おとといの野分《のわき》のなごりか空は曇って居る。十本ばかり並んだ鶏頭《けいとう》は風の害を受けたけれど今は起き直って真赤な頭を揃《そろ》えて居る。一本の雁来紅《はげいとう》は美しき葉を出して白い干し衣に映って居る。大毛蓼《おおけたで》というものか馬鹿に丈が高くなって薄赤い花は雁来紅の上にかぶさって居る。

さっきこの庭へ三人の子供が来て一匹の子猫を追いまわしてつかまえて往ったが、彼らはまだその猫を持て遊んで居ると見えて垣の外に騒ぐ声が聞える。竹か何かで猫を打つのであるか猫はニャーニャーと細い悲しい声で鳴く。すると高ちゃんという子の声で「年ちゃんそんなに打つと化けるよ化けるよ」とやや気遣わしげにいう。今年五つになる年ちゃんという子は三人の中の一番年下であるが「なに化けるものか」と平気にいってまた強く打てば猫はニャーニャーといよいよ窮した声である。三人で暫《しばら》く何か言って居たが、やがて年ちゃんという子の声で「高ちゃん高ちゃんそんなに打つと化けるよ」と心配そうに言った。今度は六つになる高ちゃんという子が打って居るのと見える。ややあって皆々笑った。年ちゃんという子が猫を抱きあげた様子で「猫は、猫は、猫は宜《よろ》しゅうございい」と大きな声で呼びながらあちらへ往ってしまった。

飯はまだ出来ぬ。

小《ちいさ》い黄な蝶《ちょう》はひらひらと飛んで来て干し衣の裾を廻ったが直ぐまた飛んで往て遠くにあるおしろいの花をちょっと吸うて終に萩のうしろに隠れた。

籠の鶉《うずら》もまだ昼飯を貰《もら》わないのでひもじいと見えて頻《しき》りにがさがさと籠を掻《か》いて居る。

台所では皿徳利などの物に触れる音が盛んにして居る。

見る物がなくなって、空を見ると、黒雲と白雲と一面に丑寅《うしとら》の方へずんずんと動いて行く。次第に黒雲が少くなって白雲がふえて往く。少しは青い空の見えて来るのも嬉しかった。

例の三人の子供は復《また》我垣の外まで帰って来た。今度はごみため箱の中へ猫を入れて苦しめて喜んで居る様子だ。やがて向いの家の妻君、即《すなわ》ち高ちゃんという子のおッかさんが出て来て「高ちゃん、猫をいじめるものじゃありません、いじめると夜化けて出ますよ、早く逃がしておやりなさい」と叱った。すると高ちゃんという子は少し泣き声になって「猫をつかまえて来たのはあたいじゃない年ちゃんだよ」といいわけして居る。年ちゃんという子も間が悪うて黙って居るか暫く静かになった。

かッと畳の上に日がさした。飯が来た。

一八九九（明治三十二）年、『ホトトギス』に載った、正岡子規晩年の文章。「めしまつま」と読みます。晩年といっても、この年三十二歳。脊椎カリエスを患ってほとんど寝たきりの生活でした。根岸の小さな家で、月に何回か句会や短歌会が開かれるほか、高浜虚子《たかはまきよし》、河東碧梧桐《かわひがしへきごとう》、伊藤左千夫などが看病のためによく訪れています。でも、基本は母親と妹との三人暮らし。この日は、もう正午過ぎたのに、まだ食事ができない。本も新聞もない。仕方ないので、ぼんやり外を見ている。その間のことをスケッチした文章です。

「スケッチ」あるいは「デッサン」のことを、明治の人は「写生」と翻訳したのですが、この「写生」を、俳句・短歌、文章に取りこんだのが、正岡子規です。「叙事文」という短文では、こう言っています。

或《あ》る景色又は人事を見て面白しと思ひし時に、そを文章に直して読者をして己と同様に面白く感ぜしめんとするには、言葉を飾るべからず、誇張を加ふべからず只《ただ》ありのまゝ見たるまゝまに其《その》事物を模写するを可とす。（「叙事文」一九〇〇年「日本付録週報」）

つまり、何か面白いことや面白いものを見たとき、これを文章にして読者にその面白さを伝えるためには、余計な飾りや誇張を加えてはいけない。見たまま、ありのままを言葉にするほうが良いということです。この文章は、その典型です。しかし、この「写生」は、新聞記事のようには書かれていません。そもそも、子規の「ありのまま」は、自分が見たり聞いたり感じたりした「ありのまま」であって、「事実をありのまま」とは違う。考えてみれば、スケッチやデッサンだってそうです。伝えるための「表現」であって、ここにも描写のための言葉がふんだんに使われています。

文章の中心にあるのは、猫をいじめている近所の子どもの様子ですが、垣の外なので、聞こえてくる声だけを描いています。「ニャーニャーと細い悲しい声で鳴く」「やや気遣わしげにいう」などの形容が過剰ではなく、正確で、子どもたちの様子がよく伝わってきます。「なに化けるものか」と「平気にいって」いた「年ちゃん」が、すぐ後に「そんなに打つと化けるよ」と「心配そうに言っ」ていたり、母親に叱られて急に静かになったりするあたりが、いかにも子どもっぽい。

とくに注目して欲しいのは、描写のために使われているオノマトペ（擬音語・擬態語）です。「ニャーニャー」という猫の鳴き声、黄色い蝶の「ひらひら」、鶏が籠をかく「がさがさ」という音。雲が動く様子は「ずんずん」。そして最後の一文。時間が経過して、雲がはれたことを「かッ」というオノマトペによって端的に描写したうえで、「飯が来た」で、すぱっと潔く、見事に終わっています。ちなみに、この猫はその後また子規の家にやってきて、部屋に上がりこんでいたようで、子規は猫の顔を画帳に文字通り「スケッチ」したりしています。

「描写」ということの参考例として、もうひとつ、サンプルを紹介します。こちらは、学生が書いたものです。

本庄　H・Y

僕は高校時代、バスケ部だった。僕の学年の部員数は五人と少なかった。五人共、全くバラバラな性格で、同じ部に所属している以外は特に共通点はなく、気が合う同志という訳ではなかった。しかし、嫌でも毎日何時間も一緒にいて、意思の疎通が要求されるスポーツをやっているのだから、お互いの事は充分解っていて、何だかんだお互いを認め合う仲ではあった。

やっと練習にも慣れてきた一年生のある日、いつもなら夜遅くまで練習があり、みんな帰る方向もバラバラだし、疲れきっているのもあってすぐに解散するのだが、何故《なぜ》かその日は明るいうちに練習が終わった。はっきりとは覚えていないが、監督が出張か何かだったからだと思う。それで、軽い練習を終えていつもの様に汗臭い部室でダラダラとくだらない会話をしながら着替えているうちに、全員今から帰ってもやる事無いしみんなでどっかいくか、という事になった。五人の内の一人本庄という奴が「俺は今牛乳にハマっている。だから牛乳を買いにいこう。」と言いだした。関西人なら「なんでやねん。」とつっこみたくなる発言だが、こいつはこういう奴なので、みんなもう面倒くさくて無視していた。でも、当時彼が牛乳にハマっていたのは事実で、毎日大量に飲んでは、毎日授業中トイレにいっていた。彼は何というか、やっぱり馬鹿なのである。

まあそんなこんなで、学校から近くのショッピングモールへ五人で行く事になった。まず一階の食品売場で本庄お目当ての一ℓの牛乳を買って、何をするでもなくブラブラと五人で歩いていた。すると、見た事のある長身の男が女を連れて歩いていた。そいつはうちの高校の三年生のヤマシナという奴だった。ヤマシナはスラっとした長身でロングヘアー。顔もコワモテだが男前で、一年生の僕らでも一度は名前を聞いたことのある、いわゆる調子に乗った奴だった。その時も、奴はオラオラといった感じで我が物顔して歩いていた。すると本庄がいきなり、思いっきりヤマシナを指差し、「あ！　ヤマシナや！」とドでかい声で言った。馬鹿だ馬鹿だとは思っていたがこいつは混じり気なしの本物だと、その時思った。ヤマシナはこっちをにらみつけ、「なんどゴラァ。ゴラァ。」と頭を上下に振りながら向かって来た。僕ら五人は性格などバラバラだったが、唯一「ビビリ」という共通点があった。焦りに焦って本庄の方を見ると、彼はもうすでにそこにはいなかった。「え！　どこいった！」と辺りを見回すと、牛乳パックを脇にはさんで猛烈にエスカレーターを駆け上がる男が見えた。僕は心の中で「エーーっ！」と叫んだ。誰も声には出せなかったがあとの三人も叫んでいただろう。間違いない。全員叫んでいた。

気付いたら僕らも本庄の後を追ってエスカレーターを駆け登っていた。あんなスピードで登ったら階段が動いていようがいまいが関係ないなってくらいのスピードで駆け上がった。信じられない速さで一階から最上階の六階まで登ると、四人共、息をゼェゼェいわして、色んな汗をダラダラ流し、「せっかく練習軽かったのにな。」といった粋な冗談を言う余裕も無くフラフラになりながら、僕らは本庄を探した。

やっと見つけたと思ったら、彼はペットショップでチワワを抱いていた。初めて殺したいと思った。


これは、「記憶に残るひと」で書かれたものです。十八歳男子が十五歳の頃の友人について書いたものです。「面白い先生」と「おかしな同級生」の話は、「ひと」のなかでも書かれることが多いモチーフですが、この「本庄」は、人となりよりはエピソードをメインにして書かれたタイプです。「本庄」君には、おバカエピソードがいくつもあるらしいのですが、そのうちのひとつの「事件」から、彼の人となりの一端がうかがえるという文章。

子規の文章と違って、漫画的な誇張の多い文章のように見えますが、よく読んでください。たしかに漫画っぽいけれども、「誇張」というべき表現は、最後の一文だけです。とくにうまいのは、怒って近寄ってくる「ヤマシナ」に焦って、「本庄」を探すところ。

「牛乳パックを脇にはさんで猛烈にエスカレーターを駆け上がる男が見えた」正確な「写生」になっていて、映像が目に浮かびます。そのあとの「僕は心の中で『エーーっ!』と叫んだ」は、ほんとうは濁点のついた「エーーっ!」でしょう。漫画などでは普通に使われる表現で、いかにも「そのまんま」なのですが、内心の表現としては正確です。実際、人は濁点つきで「エーーっ」と叫ぶことがあるのを、僕は知っています。吉本新喜劇を知っている人なら、内場勝則さんの決め台詞《ぜりふ》として印象に残っていると思います。

「そのまんま」と言えば、この文章でもオノマトペはいくつか使われています。さっきの子規の文章の「ずんずん」や「かッ」ほど独創的で印象的なものではありませんが、最後から二つ目の段落。「ゼェゼェ」「ダラダラ」「フラフラ」という三つのオノマトペが、文の中で自然に使われて、しかも三つがセットになっておかしみを演出しています。演出と言っても、描写として大げさなわけではない。というか、大げさな感じはしない。

オノマトペは、たしかに安易な感じがしますが、仮に、オノマトペなしで同じことを表現しようとすると、かなり難しいのです。右のくだりを、例えば「僕たちは四十二・一九五キロを走り終えたアマチュアのマラソンランナーのように荒い息をつきながら、冷や汗を含んだ汗を滝のように流し、かろうじて歩けるくらいまでくたびれた足を引きずって本庄を探した」などと書いたら、どうでしょうか。漫画っぽい感じはしませんが、映像的な喚起力が落ちていることは否めない。しかも、誇張を含んでいる。

オノマトペについては、考えたいことがまだあります。とりあえずここでは、オノマトペをうまく使うと、イメージを伝えるためにとても効果的であるということだけ確かめておきます。別のところでもう少しくわしく考えてみます。

さて、この「本庄」と、「飯待つ間」との共通点は、もうひとつあります。それは「固有名詞」です。5W1Hのひとつ、「誰が」という情報なのですが、固有名詞には、たんなる情報以上の意味があります。子規は「高ちゃん」「年ちゃん」と二人の名前を書いています。（もう一人いるはずの子の名前は出てきませんが、最初に出てきた「高ちゃん」という子の名が、実は子規の勘違いか書き間違いで、ほんとうは「輝ちゃん」とかいう、もう一人の子どもだったのかもしれません）この「本庄」には「本庄」だけでなく、「ヤマシナ」という名前も出てきます。「本庄」以外はいずれもセリフの中にも出てくる名前で、この場合、名前がないとエピソードが成立しないのですが、一般論として、固有名詞があるとないとでは、読んだときの伝わり方が大きく違うということがあります。

日本の文芸には、自分の名でも、他人の名でも、みだりにこれを明らかにしないという傾向が『源氏物語』の昔からあります。そのせいなのかはわかりませんが、固有名詞を伏せて書く人がいます。その人が文章の中心にいなければ、それでもかまわないのですが、たとえば大好きなミュージシャンについて書こうというときに、その名前を書かない人が、けっこういます。「なんだか恥ずかしい」とか、「誰も知らないだろう」とか、そんな理由で、「とあるミュージシャン」とか書いてそれですませようとする。「とあるミュージシャン」では、説明にしかなりません。

個人情報だから個人名を書きたくない感じは、分かります。でも「親友」について書こうとするのに、その主人公の名を書かなかったりするのは、マイナスです。書きにくかったらあだ名でも、イニシャルでも、あるいは仮名でも、いいのです。名前がついているほうが、文章世界に「人間」がいる感じがするのです。「飯待つ間」の子どもたちは「近所のいたずらっ子」で、「悪ガキ」というほどは悪くもない。描写からうかがえるのは、その程度で、一人一人違っているはずの性格や見た目の描写はありません。でも、名前と年齢が書いてあるだけで、イメージがしやすくなっている。「本庄」の本庄君も、その人となりや風貌などがくわしく描かれているわけではないのですが、名前があるので、なんとなくイメージしやすい。「ヤマシナ」は、その、それこそ、みだりに口にしてはいけない名を大声で叫んだことが「事件」の発端になっているわけですが、あえてカタカナ表記にしたことで、この男のヤンキー的な雰囲気がさらに強調される効果もありますね。

もちろん、たとえば「先輩」だけでも、それがいつもの呼び方で、あなたにとってその人が「先輩」という名の個人である場合、その人となりがそれなりに書きこまれていれば、「先輩」という呼び方が、その文章世界で固有名詞化してしまうということはあります。そういえば、『源氏物語』の世界でも、たとえば「頭中将」という役職が固有名詞化していましたよね。「部長」とか「課長」とか「先生」とかも、話し言葉では普通に固有名詞化して使われます。もっと言えば、「お父さん・お母さん」「おとん・おかん」「おばあ・おじい」なんてのも、役割の名前が固有名詞になっている例ではあります。

話が脱線してしまいました。描写にとって「名前」が大事という話でした。「私の好きなとあるミュージシャン」というのは「説明」なのです。

名前に限らず、誰かについて書くとき「説明」だけですませてしまいがちな人は、たまにいます。「小学校の頃からの親友」について、「たまにキレることがある」「でも、根はいいやつ」「面白いことばかり言って笑わせてくれる」「私の心の支えである」といったことを書き連ねて、それ以上を書かない。「どのように」が、まったくないので、この「親友」のシルエットしか見えてこないのです。探偵ものの漫画なんかで、正体の分からない犯人が影だけで描かれる。あれと同じです。

エピソードだったら、その場面や気持ちがどれくらい伝わるか。「ひと」だったら、その人となりがどれだけ伝わるか。そのために、正確な描写が大切であるという話でした。

## 推敲

さて、ともかく書き終えました。これを「下書き」と呼ぶか「第一稿」と呼ぶかは、ここでは重要ではない。ともかく、まだ「完成」ではありません。

とりあえず終わりまで書いた文章を、あらためて読みかえして手を入れていく作業のことを「推敲《すいこう》」と言います。第一章でも書きましたが、これは、書いているときの過去の自分と、読みかえしている今の自分との違いを前提とした作業です。妙なもので、書いている最中の自分と、読む自分とは、ある意味で、ほとんど「別の人」なのです。

では、どう違うのか。第一に「書く」ときと「読む」ときとでは、言葉との関わり方が異なるということです。書いているときより読んでいるときのほうがいくらか冷静です。言いかえれば、言葉との距離が取れているということです。だから、書いているときには気がつかなかった誤字や、文法的におかしなところに気がつく。書いているときよりいくらか視野が広くなっているから、表現でも別の言葉や別の言い方を思いついたりする。ノリで書いたけれども、流れからすると余計な部分も見えてくる。

ちなみに、僕の場合はじめに書いたものを読みかえすまで約一日ほったらかしておきます。その間、書いたもののことは、ほとんど忘れているようなものです。

書いたものとの距離を取るための、この「放置」を「寝かせる」なんて言いますが、別にいい感じに味がしみたりするわけではありませんから、これはちょっと不正確な言い方ですね。要するに、ある文章世界に集中してのめりこんでいた自分が、普通の「読者」になるまでにそれなりの時間がかかるということです。どれくらい放置するのか、言いかえれば、どれくらい先の自分に託すのかは、人によって、書くものの長さによって違うのでしょう。S・キングというアメリカの作家なんか、長編を書き終えてから一か月以上放置しておくそうです。まあ、そんなに長くない文章の場合、一晩寝たら、書いているときの自分とはだいぶ違う感じになっていると思います。

あらためて、整理します。推敲とは、以下のようなことです。

①誤字脱字や文法的におかしいところ、言葉づかいがおかしなところを、直す。

②説明不足で分かりにくいところを補って加筆する。

③無駄や重複や、そのほか余計なところを省く。

④全体の構成を見直して、必要なら叙述の順序を入れかえたり加筆したりする。

⑤おもに描写について、それぞれの表現が的確かどうか、勘違いや間違いはないか、もっとぴったりした言葉、言い回しがないか、悩み・考え、書きかえる。

⑥もう少しつっこんで言えそうなところ、掘り下げて考えられそうなところを、考えてみる。

いちおう、番号を振りましたが、これらを同時にやっていくわけです。この順番通りにやっていくという人は、あまりいないと思いますが、順番通りに六回繰り返して読むというやり方でも、もちろんOK。どちらにしても、なんども読み返して、よりよいものを目指していくわけです。そして、最後。

⑦いさぎよくあきらめて、清書する。

これも、大事なことです。推敲においては、粘れるだけ粘ることと、潔く諦めることとはセットになっています。「粘る」とは、自分の限界を確かめること。「諦める」とは、自分の無能を受け入れるということです。

文書が書かれるとき、多くの場合は「締切り」というものがあります。間に合わせなければ単位が取れない。印刷に回せない。納期に間に合わない。約束は守らないといけない。だから、完成させる。

ところが、締め切りが設定されていないときは、いつまででも引っ張れてしまう。それはまあ、文章に限らず「作品」というものには、いくらでも不満が残り、もうちょっと何とかしたいと思う気持ちは、きりがないものです。どこかで「これで完成」ということにしないと、永遠に書きあがらないわけです。

# 第五章　空間を描く　観察すること・感じること

## 課題「場所」

二回目は、「場所」です。前回もそうでしたが、あまりにも漠然とした課題です。申し訳ありません。もう少し、枠組みをはっきりさせます。

場所というのは、一定の、「どこ」と特定できる、ある程度範囲が限定された、物理的な広さをもつ空間のことをさします。大は「銀河系」から、小は「胸のポケット」まで。これじゃあ、あまりにも範囲が広すぎるので、「銀河系」とか「地球」とか「日本」とか、大きすぎるのは「なし」にします。現実の空間として実感できるかどうかが、ポイントです。同じ意味で、「ナルニア国」とか「風の谷」とか、フィクションのなかの場所も除外します。二次元や脳内にしか存在しない場所もなし。それから「サイト」と言われる、電脳空間内の場所もなし。あくまでも「この現実」「この世界」にある、ちゃんとした手ごたえのある場所。

まあ、仮想空間や想像上の場所でも、脳だけに限れば、面白い経験はできるでしょう。ネット上の「場」が、誰かと誰かをつなげたり、その「場」が、誰かの居場所になったりすることもあるでしょう。それはそれで、ひとつの「現実」です。そんな場所について書いても面白いかもしれません。

でも、あくまでも「この現実世界」のことに限定して考えてください。というのは、今回は、「身体で感じる」こと、「観察」することを強調したいからです。「感じる」も「観察」も普段、無意識にやっていることですが、思いだしながら書くときにはじめて意識化され、そこではじめて分かること、つまり書いてみてはじめて見えてくるものがあります。仮想空間や想像上の空間では、はじめから身体が欠落していて、経験が限定されています。そんなわけで、今回は、「物理的なたしかさをもって現実に存在する場所」に限ることにします。

基本的な手順は、前回と同じ、まず、具体的な「場所」を思いだすところからです。

**メモづくり① 経験した「場所」を思いだす**

今回も、書くのは「経験」です。つまり「場所の経験」です。「記憶に残る」場所、昔の場所だけでなく、いま現在かかわりのある場所も含みます。

メモは、いろいろな書き方ができます。まず「自分」を真ん中に置いて、そのうえで、同心円状に思いついた（思いだした）場所の名前を、書いていくというやり方があります。身近なところ、狭いところから思いだす感じです。一回目のメモのように、時系列に沿って思い出すのも、悪くない。そこで、ここでは「時間」と「空間」の二つの軸を想定して、思いつくままに列挙してみます。時間軸は、前回と違ってごく大雑把です。空間軸は、身近で日常的な場所から、遠い非日常の場所までのグラデーションです。サンプルは、一三三ページに。

まず、自宅。引っ越しは何度かしていますが、今の実家が、そこにいた時間が長い分、印象が鮮明です。自宅の中だったら、風呂場、自分の部屋、居間、押入れ（意味なくよく入っていた）、納戸、こたつの中。自宅以外の家では、両方とも今はない両親の実家。とくに一時期住んでいた父の実家。家そのものが古くて、いろいろなことを覚えています。母の実家は、そこから小さな上り坂をまっすぐ行ったところでしたが、こちらにも祖母との思い出とセットになったいろんな経験の記憶があります。今は両方とも取り壊されて空き地があるだけです。空き地になってしまうと、思っていたよりずっと狭い感じがして、驚きます。ほかにも、親戚の家の蚕部屋。仲の良かった友達の家（部屋）なんかもよく覚えています。

学校関係だったら、（とくに小学校の）トイレ、教室、（高校のときの）部室、職員室、図書室、保健室、温室、それから、ちょっと広くなりますが、屋上やグラウンドなど。学生時代に入りびたっていたのは、恩師の研究室。

アウトドアにも「場所」はあります。近所の公園、河原、家のそばの谷川。小学二年生の時に住んでいた大きな家の脇にあった神社。何神社だったのか、名前も知らないのですが、いろいろなことをして遊んでいた場所です。

名前と言えば、はじめからこれという名前のない場所もあります。近所の空き地、原っぱ、三輪のバイクが並べられた廃車置き場。また、図書館の裏とか、家と家の間の路地とか、そんなすきまのような場所。

学生時代のいきつけの喫茶店。たまに出かけたジャズ喫茶、名曲喫茶。よく行った本屋。図書館、美術館、博物館。一時期入りびたっていたあちらこちらの映画館は、その多くがもう閉館しています。それから劇場。映画館や劇場のあった盛り場。映画や芝居を見終わったあとに仲間と行く飲み屋街。

ライブハウスとかコンサート会場とか、イベント会場とか、あるいはテーマパークとか、普段あまり行くことのない非日常的な空間も、だからこそ記憶に残りやすいものではあります。僕はテーマパーク未経験ですが、一九七〇年に大阪で開催された万国博覧会の会場のことはよく覚えています。あの巨大空間とでかい建物群と、そこを埋め尽くさんばかりのおびただしい人にうんざりした経験が、僕がテーマパークに行かない原因の大部分です、たぶん。

昔やっていたビル設備のメンテナンスのアルバイトでは、いろいろな場所に行きましたが、とくに印象に残っているのが空港の巨大貯水槽。それから警察署の留置場。

そうそう、ここまで、映画館や劇場や本屋や喫茶店の名前、つまり固有名詞をほとんど書いていませんが、前にも言ったように、固有名詞は大事です。とくに場所の場合、その経験があなただけのものであることを示すと同時に、読んでいる誰かと共有する可能性のために必要ですから。

それにしても、こう、思いだしてみると、一回目の課題より、記憶が出てきやすいことに気がつきます。たぶん、エピソードを思いだすより場所を思いだすほうが楽なのでしょう。次々に、さまざまな場所のイメージが浮かんできます。しかも、かなり鮮明に。

場所は、エピソードよりはイメージによって記憶されている。これはつまり「五感の記憶」として自分のなかに刻まれているということです。場面や風景だけでなく、その場の音、空気（湿度や温度）、そこにしかないにおいなんかを、感覚が記憶している。たぶん、そんな事情でイメージを喚起しやすいのでしょう。

ただし、「書く」となるとまた別の話です。「思いだす」ことと、「書く」こととは、たしかにつながっているのですが、感覚については、思いだすことと書くことでは、たぶん、脳の使い方が違う。そのあいだの距離は、近いようで遠いのです。

## そこはどんな「場所」なのか

空間の性質として、いくつかの分け方が可能です。アウトドアかインドアか、身近な（日常的な）場所か、遠い（非日常的な）場所か、公的な空間なのかプライベートな場所なのか。大雑把に分ければ、そんな感じでしょうか。もちろん、たとえば「ドーム球場」のような広くてインドアな場所もあり、キャンプ場のテントみたいにアウトドアの中の閉じた場所もあります。「車の中」というのも、またひとつの場所です。「行きつけの喫茶店」のように、なかば公的、なかば私的な場所もあります。

## そこは、自分にとってどんな「場所」なのか

とりあえず、「場所」のリストが出そろったところで、書く候補を決めていくわけですが、

今回の決め手は、その場所との関わりが深いかどうか、場所のインパクトが強いかどうか。つまりその場所の経験がどれくらい深く、はっきりと記憶に刻まれているのかという、前回と同じ話になるわけです。

毎週、あるいは毎月通っているまたは通っていた場所もあるでしょう。毎年そこへ行っている（行っていた）という場所も、一度しか行ったことがないけれどよく覚えている場所という場合もあります。さらに、そこが自分にとってどんな場所なのか、あるいはどんな場所だったのかを、考えながら吟味していくことになります。もちろん、好きな場所だけでなく、嫌いな場所、苦手な場所もあります。楽しい、面白い、安心できる場所もあれば、緊張する、息苦しくなる場所もあります。ちなみに僕は、病院と床屋が苦手です。

ごくごく大雑把に分ければ「好き」か「苦手」か、ということになりますが、「好き」とは、どういう意味で好きなのか。何が好きなのか、もっと精度の高い言葉が必要になります。例えば「興奮」がある、「冒険」がある。あるいは「安心」できる「一人になれる」。「苦手」の場合も同じことで、何が「苦手」なのか、どのように「苦手」なのか。もちろん、「苦手だった場所が、安心できる居場所になっていた」とか、「苦手だけれど、私にとっては大事な場所」だとか、もう少しややこしい場合もあるでしょう。

さて、以上を踏まえて、メモ①について、前回と同じ作業をします。リストを見ながら、書きたい気持ちの強さと、実際、書けるかどうかを吟味して、丸やバツや三角をつけていく。

### メモづくり② 場所の質感を言葉にする

前回と同様、候補が決まったら、それぞれについてメモのかたちで言葉を書き加えていきます。ただ、今回は「エピソードを書く」ではないので「流れを確かめる」より、「何を書くのか」を確かめながら「あたりをつける」感じになります。そこはどんな場所なのか。そこで何を感じるのか。そこは、自分にとってどんな場所なのか。あるいは、そこは人々にとってどんな場所なのか。そんなことを言葉にしてみると同時に、あらためて書けるかどうかを吟味する。

今回は「説明」と「描写」とのかねあいが難しいのですが、「説明」にあたる部分で書くべき基本情報は二つ。まず、その場所との関わりについて。「いつ・どれくらい（の頻度で）」とはっきり書かなくても、「毎日のように」と「半年に一回くらい」は違うわけで、そのへんが分かるということが必要です。「年に一回は必ず訪れる」という場所もあるでしょう。もちろん、一度限りの場所が、深く印象に残っているということもあります。

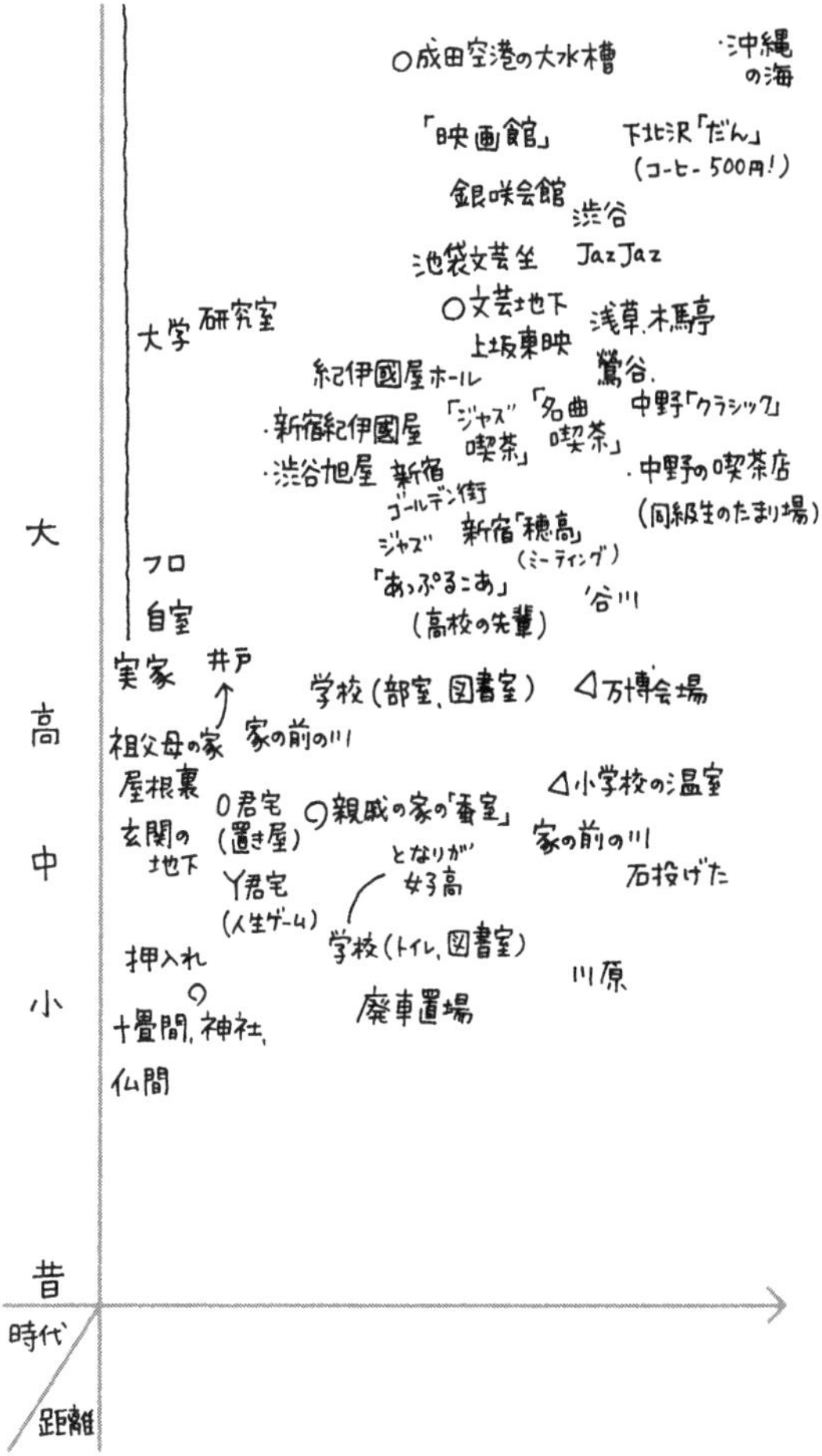
○成田空港の大水槽
・沖縄の海
「映画館」
下北沢「だん」
(コーヒー500円!)
銀咲会館
渋谷 JazJaz
池袋文芸坐
○文芸地下
浅草、木馬亭
上坂東映
大学 研究室
紀伊國屋ホール
鶯谷、
「ジャズ」喫茶」
「名曲喫茶」
中野「クラシック」
・新宿紀伊國屋
・渋谷旭屋
新宿ゴールデン街
・中野の喫茶店
(同級生のたまり場)
新宿「穂高」
(ミーティング)
ジャズ「あっぷるこあ」
(高校の先輩)
フロ
自室
谷川
実家
井戸
学校(部室、図書室)
△万博会場
祖父母の家
家の前の川
屋根裏
○君宅
(置き屋)
○親戚の家の「蚕室」
△小学校の温室
玄関の地下
家の前の川
石投げた
Y君宅
(人生ゲーム)
となりが女子高
学校(トイレ、図書室)
川原
押入れ
の
十畳間、神社、
仏間
廃車置場
大
高
中
小
昔
時代
距離

もうひとつは、場所の見取り図です。広い場所なら、そのロケーション、位置関係。狭い場所たとえば家だったら、簡単な間取り。部屋だったら、部屋のどこに何があるのかなど。図で書けることを言葉で説明する。これがなかなか難しい。どこまで詳しく書けばいいのかという判断もそうですが、くどくならずに、分かりやすく言葉にするのは、図を描くのと同じように、ある程度センスが必要です。

あとは、「描写」です。あなたはそこで何をしているのか、何を感じているのか。見たものや見たことだけでなく、音や、においや、気配や、外だったら風の感触まで含めた、場所の質感。場所の肌触りみたいなものを言葉にしなければいけない。

つまり、「五感を使って書く」ということですが、人間の感覚というのは、いわゆる五感（視覚、聴覚、嗅覚、味覚、触覚）にとどまらないものです。そもそも、五感と言っても、何かを感じるのは、目や耳や鼻ではなく、脳あるいは「心」です。音楽を聴いてざわざわしたり昂《たかぶ》ったりするのも、風を心地よいと感じるのも「心」です。もっと言えば「たましい」みたいなものです。心の奥底にあるような、自分でも何だかよく分からない感覚まで思いだして、しかもそれが言葉にできたら言うことはないのですが、まあ、そう簡単なことではない。

ここで、サンプルをひとつ紹介します。

**平城宮跡　U・M**

　平城宮跡が好きで仕方がない。平城宮跡は基本的にはただの原っぱで、そこに復元された朱雀《すざく》門と昔の建物の柱の跡がある。来るのは散歩やジョギングをする近所の人間だけだ。私はさして近い所に住んでいる訳ではないが、散歩をする為にわざわざ原付を一〇分とばして出かけて行く。私はどこでも散歩をするのが好きだ。自然のある所だと尚良い。自然のある所でも、とりわけ平城宮跡が良い。

　ここの良さはまず、空間の広がりにある。外周を歩けば一時間はかかる敷地に、一面の野原が広がる。空もまた、奈良盆地を囲む山々の頂まで伸びやかに続いていく。そんな中を歩いていると、野原と空の両方に自分が吸い込まれたような気持ちになる。狭い空間と思考の中に閉じ込められていた意識が、野原と空に同化し、拡散していく。

　日の落ちる頃が特に良い。その頃になると、決まって風が出てくる。広い野原に風が吹き抜ける。その風を肌に感じながら、風にそよぐ草を見、草がそよぐ音を聴く。昼間より落ち着いて締まった空気に、虫の音もよく聴こえてくる。そうしていると、生駒山《いこまやま》に落ちる夕日と共に、私の一日がきちんと終わっていく気がするのだ。

もう一つここが良いのは、変わらないところである。私が小さい頃から、風景も人も全く変わらない。野原は相変わらずの野原だし、人は相変わらず散歩やジョギングをしている。私は人や物、出来事にすごく関心がある反面、常にはその変化についていけなくて、すぐに疲れてしまう。そんな時、変わらない風景を見、変わらない人の姿を見ると安心する。自分がいい時はいい時でその光景にうんうんとうなずいて、のんびりと、幸せな気持ちになっている。

何より、ここが都の跡であることが私を惹《ひ》きつける理由だと思う。大昔は都だったけれど、今はすっかり地元の人間以外には忘れ去られている。でも、そこに虚《むな》しさを感じるのではない。私がどうあがこうと、どう苦しもうと、時は流れるのだなぁと思う。そのことにほっとする。

ここでそんなことを感じていると、自分がどんな状態の時でもニュートラルになれる。何事も良くもないし、悪くもない。テンションが高くもないし、低くもない。どちらにも振れていない、限りなくゼロの状態になれる。平城宮跡に行って帰る頃にはすっきりゼロになって、また、良くも悪くもない、普通の時間に戻っていけるのだ。

河原や海辺、あるいは公園のような、空の広い場所を好む人は多いと思います。広々とした風景は気持ちをくつろがせてくれます。平城宮跡が世界遺産に登録されたのは、一九九八年のことですが、この文章は、それからかなり経ってから書かれたものです。この時はたしかに復元された朱雀門があるだけの「原っぱ」でした。今では、大極殿《だいごくでん》も復元され資料館などもあって、それなりに観光地化されているようです。だから、第四段落で言われている「変わらない」という魅力は、失われているのかもしれません。ただ、その広さは変わりません。ネット上の航空写真で見ると、すぐそばにある高校の校庭が軽く三十個くらい入る広さだということが分かります。

この文章からは、平城宮跡の、その広々とした空間をただ眺めるだけでなく、身体全体で感じていることが、よく伝わってきます。歩きながら、空間を感じ、風を感じ、風の音を感じている。

さらに筆者は時間の流れも感じているのですが、第五段落は、いくらか理屈っぽくて感じているというより考えている。むしろ、第三段落の日が暮れる頃の描写や、第四段落で「私が小さい頃から――変わらない」という言葉のほうから、時間の流れが感じられます。時間の流れがあると感じられるからこそ、この場所の、生きた感触が伝わってくる。

時間の流れを感じることとは、「場所」の描写にとって、とくに大事なことです。「空間」というと、静的な、固定的なイメージがありますが「場所」には、必ず「時間」が流れていて、何かが動いている。変化している。そもそも、空間と時間がセットにならないと人はそこに関われないのです。「まるで時間が止まったような」という、よく使われる比喩表現も、この前提があるからこそ効果的なのでしょう。

あれこれと言いましたが、この文章で言われていることは、とてもシンプルです。書きだしの一文が端的に述べているように「私は平城宮跡が大好きだ」ということです。なぜ好きなのかは、最後の段落にきっちりと書いてある。そのあいだの描写は、最後の段落を補って説得力を持たせるために書かれているようなものです。もちろん、はじめからそのように意図して書かれたわけではありません。この場所の心地よさ、気持ちよさについてよくよく思いだし、そこにいるときの自分の感触をよく思いだして言葉にした結果、こういう構成になっているわけです。

もうひとつ紹介します。次は、面積だけならもっと広いかもしれない場所、「街」です。

**梅田　T・M**

梅田というのは懐の広い場所であると思う。どこからどこまでが梅田なのか明確な境界線はわからないが、西日本随一の繁華街とされるだけあって人も多ければものも多いし、その幅もやたらに広い。駅は五つも六つもあるし、治安が悪くて立ち入りたくないところもあれば高級すぎて足を踏み入れにくいところもある。地上は盛えているし地下は発達している。そこを若者が老人が大人が子供が歩く。金持ちもいれば浮浪者もいる。最先端のファッションで身を固める人もいればセンスが昭和で停止している人もいる。綺麗なものも汚いものもごくふつうに共存しているのだ。汚いところに綺麗なものを作ったのではなく、綺麗なものが汚くなったのでもなく。混沌ともせずに、あたりまえの顔をして。

梅田の地下街というのは異様に発達していて、だいたいのところには地下から行くことが可能だ。可能ではあるが、一体どこの地下を歩いているのかはわからない。地上は地図で把握できるが、地下はそうではないのだ。でも目的地にはたどりつける。この通りを南に、あの角を西に、ではなく、ここからあれがみえるほうに、そこをあれがあるほうに、といったかんじで。東西南北より前後左右が分かればいいのだ。

私は感覚でしか行動できない。物事を深く考えることも、先を見通した判断を下すこともうまくできたためしがない。地図を見て歩くのも苦手だ。東西南北もわからないし、目の前にひろがっている道が地図にかかれてある道と同じものなのだとはどうしても認識できない。碁盤の目になった土地なんて、下手したら真反対に向かっていたりする。

でも梅田は違う。地図なんてわからなくてもいいのだ。方角なんてわからなくたって、感覚だけでどこへだってゆける、そういう街なのだ。

迷わずに梅田の街を歩くこと、それは私がまともにできる数少ない行為のひとつだ。地図も方角も、わかろうがわかるまいが関係ないと告げられているかのようで、存分にこの街を楽しめよと誘われているかのようで、とても気分がいい。真新しい高層ビルの中を、古ぼけた狭い路地を、若者の集うファッションビルを、年齢層のちがう百貨店を、そしてそれらをつなぐ道路を、歩道橋を、なにより地下街を迷いなく進んでいく。サラリーマンと、高校生と、広告を配る人と、酒を飲む人とすれちがいながら。なにもかもがまざりあう、梅田の一部となりながら。

さっきの「平城宮跡」と同じように、この文章も歩いています。でも、さきの文章のようにゆっくり、のんびりではない。「平城宮跡」は、歩きながら考えるような文章でしたが、こちらは何も考えないでさっさと歩いている。同時に、そういう自分と「梅田」についてあらためてとらえ返しつつ、言葉にしたようなところがあります。

梅田は、文中にもあるように、関西でも有名な一大商業地域です。阪急梅田駅とJR大阪駅を中心にして、阪神梅田駅、さらに地下鉄の梅田、東梅田、西梅田と六つの駅が集まり、道に沿ってビルが建てられたというより、無秩序に密集したビルとビルの間に道がある。ほんとうに、何も考えないまま、なりゆきで発達してきたような街です。そんなところですから、地元の人でも迷ってしまう「迷宮」として有名です。ためしに「梅田・ダンジョン」でググってみればすぐに分かります。とくに地下街の分かりにくさは独特で、僕も何度か遭難しかけた経験があります。この「遭難」は、決しておおげさな喩えではなく、自分がどこにいるのか完全に分からなくなり、パニックになりかけたのです。東京の東京駅から丸の内界隈や、新宿の地下街も、よくダンジョンと言われますが、僕はそれらの場所で迷ったことはありません。梅田が恐ろしいのは、歩いているうちに東西南北の感覚が狂ってしまうということです。

筆者はそんな場所を、迷わずに歩くことができるというのです。いや、そんな場所だからこそ、地図を頼りに歩くことが苦手な筆者が「感覚だけでどこへだって行ける」のです。たぶん、子どもの頃から行き慣れたところで、今でも月に何回かは梅田を歩き回っているのでしょう。頭で記憶するというより、身体が場所を覚えている。

ちょっと残念なことに、ここには、そういう説明や考察はありません。梅田を歩きながら感じているはずの、ざわざわした空気や街の匂いや、人の多さについての記述もありません。でも、この人らしい勢いのある文章によって、いろいろな要素がモザイクのようにごちゃごちゃと共存するこの街の不思議なありようと、そこに関わっている筆者の人となりとが切っても切れないような形になっていることは、よく表現されています。何も考えないで梅田を元気よく歩いている筆者の姿が、伝わってきます。この文章では、それさえ伝われば十分なのです。

「広い場所」を「歩いている」という共通点を持つ、ふたつのサンプルの、もう一つの共通点は、「一人」だということです。正確に言うなら、そこには自分以外の人間も歩いているのですが、そんな場所で「一人」だということです。いまどきの言葉で言うなら「ぼっち」ですが、「ぼっち」でも楽しい場所、ぼっちだから落ち着ける場所ってありますよね。

前に書いたように、「場所」の分類の指標として、日常―非日常、近い―遠い、好き―嫌い、屋外―屋内、公的空間―私的空間があげられますが、さらに、一人なのか―誰かがいるのかという要素も大きなものです。ふたつのサンプルのように、街や公園や、あるいは映画館や図書館のような、他人がいてしかも一人の場合と、トイレやふろ場のように、完全に一人になる場所をモチーフとして選ぶ場合があります。同じ一人でも、場所としての意味がまったく違ってきます。

狭い場所で、一人ではない場合、たいていそれは「家族の場所」になります。家の居間だったり、家族で出かける車の中だったり。家族以外では、いつも入りびたっている行きつけの喫茶店や、ゲームセンターなど、「たまり場」的な場所もあります。たまに「部室」というのもありますね。

もちろん、そこが居心地の良い場所である必要はありません。なんだか緊張する場所、嫌な場所、嫌いな場所についてあえて書く、書きたいと思う場合もあります。

ただし、それはちょっとした勝負（チャレンジ）になります。前にも言いましたが、「その経験との適切な、ちょうどいい距離がとれているかどうか」＋「書きたい気持ちがどれくらいなのか」の、バランスをはかりながら「さて、書けるかどうか」なのです。

次は、移動する空間。電車です。参加しながら観察している文章です。

**満員電車　　K・A**

毎朝毎晩二時間ずつ、満員電車に揺られていると、電車というものがいかに不思議な場所かがよく分かる。たくさんの他人と他人とが強制的に居合わせるあの箱の中では、実はすさまじい戦いがあっちこっちで繰り広げられているのだ。

まず満員電車では椅子を求める人はいない。人と人の波を分けて椅子まで辿り着き、座れるか座れないかの狭い隙間にお尻を突っ込んだり、他人に頭を下げたりする、なんていう無駄なエネルギーを朝っぱらから使いたくはないのだ。私たち満員電車の乗客が考えることはただ一つ。立つ場所を確保すること。ドア付近は混雑この上ないので絶対に避ける。狙いめは連結部分、あそこは一番端だから混むことはない。しかしその場所は人気なのでまれにしかあいていない。だから無難に、つりかわ前、これが毎朝毎晩の行動パターンである。

しかし考えることは皆同じである。だからこそ満員電車は戦いなのだ。私なんてまだ満員電車歴三ヶ月、ぺーぺーの新米なので、海千山千の強者たちにこっぴどくやられている。つまりどういうことかというと、あそこはかけひきの場なのだ。「安定」という品物をかけてオークションしているようなかんじ。人の最大のコミュニケーションの手段である言葉を使わずに行われるその戦いは、けんかなんかよりはるかに高レベルだ。自分の周囲何センチのところに他人がいるのは不快、だがそれはやむをえない物理的環境、ならばどうするか、他人に関わることなく自分の場を確保する。これが満員電車の暗黙の了解といったところか。そのために言葉以外に使える手段はとことん使う。手や足の位置、かばんを置く場所、目線、表情などなど、自分の持つ攻撃と防御を使いきるのだ。満員電車の他人と他人はそうして戦いながら「安定」を得、満足するのだ。

私はこれを不思議な場所、と表現した。怖いとか嫌な感じ、ではなく。なぜ不思議と思うのか。そういった戦いの場所であるにもかかわらずバランスが崩れないからだ。他人と他人が踏み越えてはいけない線をきちんとわきまえているから、そして、何より皆がそれぞれ自分の利益を求めるから、そのバランスはどっちかに片寄ったりはしない。皆が皆、確かに自己中ではあるのだけど、無意識の思いやりがそこにはあるような気がする。それは仲の良くも悪くもない女友達やメル友なんかの上辺だけのつきあいよりはるかにましである。嫌なことがあればあからさまに嫌そうな顔をする満員電車の乗客は皆素直すぎるくらい素直で、愛しさを覚えるくらいだ。他人とのつきあい方、一体どれが正しいのか分からないけど、満員電車のあの空気はなんとなく根本的なもの、まっさらなもののような気がする。他人とできるだけ関わりたくないから生まれた、不可抗力ではあるのだけど。

満員電車というのは、たしかに奇妙な空間です。人間には、個人的なテリトリーの感覚があって、他人に邪魔されない、他人のいないスペースが一定の広さ必要です。背中側、つまり背後に他人がいるのも不安ですが、前面には背後より広い「自分の空間」が必要です。目の前数センチに他人の顔があったりしたら確実に不快です。

満員電車では、そんなことはまったくお構いなしに、人間が詰め込まれるというか、すすんで自らの身体を詰め込むのです。自分を単純な物理的存在として取り扱うと同時に、他人もそのように取り扱うということです。それでも、最低限自分ができるだけ快適なように、足や膝や肘や肩を使い、持ち物や表情も使い、自分の空間を確保しようとする。このことを筆者は「戦い」と表現しています。ただそこにはまた、お互いにできるだけ不快にならないようにするという前提も共有されている。

そのあたり、第三段落の描写には不満が残りますが、この文章の面白いのは、最後の段落、満員電車のなかの「自己中」同士の「戦い」に、「根本的なもの、まっさらなもの」を感じるというところです。満員電車というのは、ほぼ完全に、お互い知らない人間だけの空間です。そこでの「戦い」は、基本的に「武器」のない身体だけの「戦い」です。そもそも、公共の空間での社会人同士ですから「攻撃」はできない。それ以前に、間合いというものがまったくないので、手も足も「武器」にはなりません。お互いが不快にならないような身体の角度をつくりあいながら、自分の空間を確保するという自己中心的な目的に向かって、人間十数人分の圧力を受けながら身体を動かしあうのです。お互いが自己中心的であることもまた、共通了解になっている。満員電車が嫌だという人はけっこう多いのですが、あの空間には、たしかに他者とのかかわりの、「まっさらな」ありかたがあるのかもしれません。

この文章は、そういう鋭い斬新な発見に、書きながら思い至った文章です。ただ、発見というかアイデアが示唆されているだけで、中途半端な感じは残ります。描写の部分も含めて、もっと字数を使って丁寧に書いて欲しかったところではあります。

昔経験した場所と、今かかわっている場所が同じである、というか、記憶の中の場所を、いまあらためて経験するというパターンもあります。

## 思い出の道　N・A

忘れ去っていた場所だった。しかしそこへ行くと、眠っていた記憶がよみがえってくる。これはどこなのか。説明しづらい。なぜならそこはただのコンクリートの道だからだ。

家を出て二分、ちびっこ広場という公園が畑の向こうに見える。その見えた所からまっすぐ行き、急な坂を登ってすぐの保育園までの道。自転車で三十秒ほどしかかからない距離の道が、私にとって特別な場所なのだ。

それが特別だと気付いたのはつい最近のことで、それまでは何年もあまり通らないし、何の感情も無かった。むしろ嫌いな人の住む家があったので通らないようにしていた時期さえあった。

ここが特別な場所だと気付いたのは先週あたり。私が再びこの道を通るようになったのは車の免許をとる為、教習所へ通う為だった。小さい頃は保育園へ通っていたし毎日通っていた。小学生になるとちびっこ広場に毎日遊びに来ていた。その頃まではその道は当時、遠くまで外出のできない保育園の仲良し四人組が集まって遊ぶことのできる唯一の場所であり、私と友達をつなぐかけがえのない物だった。中学生になるとその友達とも疎遠になり、公園に行くこともなくなった。こんな近場でなく遠くへ遊びに行くようにもなり、ほとんどその道は通ることがなくなっていったのだ。

今、私が大学生になり、教習所へ自転車で通い始め、再びその道を通ることになった。三ヶ月がたった辺りの先週、教官にきつく言われた事もあってなんとなくトボトボと自転車を押して帰ることにした。こんなことなら原付免許だけで良かった、車なんて乗りたくないと思いながら保育園からの急な坂を下り、民家を眺めながら歩いていると懐かしいにおいがした。甘いような、子供や赤ちゃんのようなにおいと、花や木の混じったにおい。いつかもかいだことのある、優しいにおいで、昔もここはそんなにおいがしていたなぁ、と思い出した。その瞬間にここでの思い出が走馬灯のように湧き上がってきたのだ。

座るとカチカチに固くて足も大股に開いて乗らなくてはならず、嫌いだった自転車の後ろの席。母の後ろに乗るのは安心感があり好きでもあった席。そんな自転車に乗ってこの道を通り毎日保育園まで行き、母と別れるのが嫌で毎日泣いていた事。卒園してからもその道でかけっこした事。ドブにはまり内ももをひどくすりむいたが泣かなかった事。ちびっこ広場で花見をした事、友達と宿題をしたこと、今は無き遊具の取り合いをした事……何年も思い出したことのなかった幼い頃の日々がにおいと共に私の中へ返ってきたのだ。その時私は完全に大学生であることを忘れていた。分かってはいても今私は小学生で、大学生だったなんて夢ではなかったのか。明日の朝は小学校に行って皆でかけっこをするはずだ。教習所なんてまだまだ何年も先の話なんだ、そう思う方が正しい気さえしていた。何も知らない、近所だけが自分の全てだった縛られることもなく自由だったあの頃に戻っていたのである。車にも乗って、大人になっていくいやに現実的な日々を忘れさせてくれたのだ。その道を抜けるとそんな気は全くしなかった。

　私は大学生であり、教習所に行く為に通っているのだから。でもその道は今でも必ず私をタイムスリップさせる。大学生であることを忘れる、とまではいかないが、私の思考や記憶を昔のものにさせる。ここで誰と何をして遊んだなぁといつも思ってしまう。私はあの道に惑わされているのかもしれない。私が変わっても、あの道は変わらないでまた、私を昔へ連れていってくれるはずだ。

この道を通ってこれからも嫌な嫌な教習所に行こう。きっとこの道が私を前向きにしてくれるだろう。まだ頑張れる、そう思った。

これは、場所を感覚が覚えているというパターンです。第五段落から第六段落にかけて、においをきっかけにして過去が鮮やかに思いだされる。その核心部分の描写がていねいで正確で、読ませます。

においというテーマは、あとでまた出てきますが、場所にはにおいがあるということは、重要です。これは、屋外ですが、屋内ならもっといろいろなにおいがあるはずです。ところが、感じているはずのにおいを表現した文章は意外に少ない。この件は、あとでまた触れますが、においというのが、描写しにくい感覚であるとは言えるかもしれません。

最後にもうひとつ、「学校」の中のある場所を、ある意味非常に感覚的に描写したものを紹介します。

**地歴準備室　H・E**

地歴準備室。そこは地歴担当の高校教師たちが授業以外の日常を送る十五畳程度の教室だ。名目上は「準備室」であるが一日中換気扇の回るそこは六名の教師たちの私物で散らかり放題、もはや自室である。壁には見た目だけでもそれらしくしようと世界地図が一面に貼られ、教師用の灰色の机には授業で使う教材の他、ガンプラやらオマケのミニカー、菓子や新聞が無造作に置かれている。前方には来客用の茶色のソファーがあるが本当の意味で使われたことは一度もない。奥には年季の入った電気ポットがあり隣には教師たちが仕事の合間に飲むであろうコーヒーやら紅茶やらが常備されている。記述の通りこの部屋は「学校」というより「家」のようなアットホームな感じなので生徒たちに人気で長時間居座る者や談笑する者が後を絶たなかった。

でも私は違う。私はこの部屋が嫌いだ。もう二度と入りたくない、見たくない。延々と働かされている換気扇の音も壁中に貼られた古ぼけた地図も愛想のない灰色の机も部長面で座る茶色のソファーもいいように使われているポットも何もかも私の神経を苛《いら》つかせる。嫌いだ、こんな部屋。大嫌い。

嫌いなのにはもちろん理由がある。私が最も嫌いな担任の教師がその部屋にいつ何時でも居座っていたからだ。中年太りで痛風を患い日本史を受け持つ担任はその部屋をこよなく愛していた。「嫌いな人が好きなもの」を嫌いになるのはちょっと心苦しいが実際そうなので仕方ない。しかしこれは「嫌い」な理由であって「大嫌い」な理由ではない。その理由はもっと別のものだ。

ある日、私は担任から地歴準備室に呼び出しをくらった。悪いことをした覚えもないので行きたくないが、なんせ相手は担任なので致し方ない。渋々行った。引き戸に手をかけ開けようとすると何かを予感させるかのように建て付けが悪かった。戸を開けた先にいるのは来客用のソファーにどかりと座り、眉間《みけん》に皺《しわ》を寄せている担任だった。「ここに座れ」と顎で言われ嫌々従う。それが合図となり担任は口を開けた。「何か言うことはないか」一体何を聞きたいのか知らないがそんなことを言うので「何もありません」と正直に言った。すると、担任は眉間の皺をさらに深くした。「正直に言え」あなたが嫌いです、とでも言えばいいのだろうか。それくらいしか心当たりがない。「だから何もありません」その瞬間ドンとソファーが大きく揺れた。「惚《とぼ》けるな！」担任の怒声が響く。緊張した空気になると同時に他の教師が私に責めるような視線を送ってくる。「昨日学校に苦情がきた。バス内で大騒ぎしたうちの生徒がいたって。どうせお前だろ」呆《あき》れて物が言えない。誰がバス通だ、私は電車通学だ。いつものことだが、よっぽど私を目の敵にしたいらしい、この担任は。さあこの仕打ちどうしてくれよう、そう考えている時だ。どこからかケタケタと笑い声がした。周りを見渡し、私は目を疑った。声の主は換気扇だった。すると今度は怒声が聞こえる。まさかと思い声の方に目をやると、沸騰したポットが「白状しろ」と言ってくる。周りがどんどんうるさくなる。私はハッと気づいた。ここは担任の愛する地歴準備室。こいつら全員、担任の手下なのだ。地図も机も空気もなにもかもが全部私に「犯人はお前だ」と罵ってくる。うるさい、黙れ、一体私が何をした！　気づけば立ち上がってポケットにあった定期を担任に突き出していた。

「私は電車通学です。バスなんて一度も乗ったことがありません。昨日は友達と帰りましたから連れて来ましょうか」一気に静寂に包まれる。担任は定期をまじまじ見ると立ち上がって背中を見せた。「もう帰っていいぞ」そのまま奥の方に消えた。他の奴らも担任と一緒に消えていった。私は取りあえず外に出た。この部屋から一刻も早く解放されたかった。外に出て、戸を閉めた。すると立て付けの悪い戸は「ほら言ったろ」と私を嘲笑《あざわら》った。その瞬間我慢していたものが全て溢《あふ》れ出した。証拠もないのに疑ったあげく謝りもしない担任を殴りたい、何よりも私にしか分からない言葉で私だけを責めたこの部屋を壊したい。怒りだか何だか分からない黒い感情でいっぱいになった。でも、それを解放できる力も権力も私は持ってなかった。
　地歴準備室をもう二度と見たくない。高校を卒業した今、その願いは叶ったはずだ。けれどそれは本当の意味では叶ってなかった。あの部屋は私に強烈な記憶を残し、今も頭の中に居座り続けている。そしていたずらに私の中に現れる。私はあの部屋が大嫌いだ。

　学校内です。第一段落で場所の説明をしていますが、学校のどこにあるのかは書いてありません。そこへ行くまでの心の動きも書かれていない。文章の核心は「大嫌い」という言葉に凝縮されています。その理由となったエピソードが、第四段落から第五段落で描写されて、今でもその部屋のことが忘れられないということを確かめて終わっている、そういう流れです。書かれたのは大学二年生のときですから、少なくとも二年前の話ですが、「怒りだか何だか分からない黒い感情」は、まだ生々しく残っている。エピソード自体は、にわかに信じがたいような理不尽な話で「目の敵」にされるについてのいきさつもそれなりにあったのでしょうが、そういう説明もまったくなく、「担任」についても、説明・描写がおざなりで、ただそのとき感じたことだけを前面に押し出している。

独特なのは、その描写です。第二段落ですでに言っていることを、第四、五段落であらためて強調しているのですが、これは「擬人法」という言葉の技法（レトリック）です。換気扇やポットや戸が喋《しゃべ》るというのは、宮沢賢治の童話みたいですが、これはノンフィクションです。

いわれのないことで責められる。担任の教師だけでなく他の教師までが自分を責めているような気がする。そして「部屋にあるすべてのものが自分を責めているように感じた」ことを、ここではこういうふうに表現しているわけです。こうしたレトリックは、前回引用した、子規言うところの「飾り」「誇張」にあたるもので、描写の方法としては、むしろ避けたいところです。感情の方向が違うとき、たとえばその場所に親しみを感じる場合「アンティークの家具たちが、落ち着いた物腰で私を温かく迎えてくれる。」のような言い回しをしてしまったら、これはまさしくよけいな「飾り」にしかなりません。しかし、このとき彼女が感じた、この場所への嫌悪あるいは怖れの感覚は、たぶん、普通の言葉では表現しきれなかった、ということでしょう。

さっき書いたように、場所への思いはさまざまです。ネガティブな感情でも、この「地歴準備室」のような分かりやすい場合だけではない。息苦しい、怖い、なんだか疎ましい、気持ち悪いなど、それこそ他人への感情と同じようにいろいろあります。嫌だけれどそこが居場所だった、というような場合もあるでしょう。居心地が良いわけではないけれど、好きな場所ということだってあるでしょう。嫌いだったけれど今は懐かしいということだってあるでしょう。そうした感情というのは、ほんとうは一言では言いきれないようなものです。まあ、一言では言い切れないから、文章になるわけですが。

## 第六章　「私」を開く

### 課題「私のこだわり」

三回目のテーマは、あらためて「自分」です。エピソードや場所と違って、材料も自分、テーマも自分です。シンプルではっきりした課題ですが、中身は多様で、範囲も広い。

#### 「こだわり」とは、どういうことか

「私のこだわり」といえば、エッセイの定番テーマの一つです。そのものずばり、『わたしのこだわり』（岩波書店）という本も出ています。遡れば『枕草子』の昔から、ひとは「こだわり」について書いてきたとも言えます。なにかにこだわっているから人は書くのだとも言えるかもしれません。でも、そもそも「こだわる」とは、どういうことなのか。手がかりとして、まず辞書を引いてみましょう。

**【こだわる】**：ちょっとしたことにとらわれる。拘泥する。「小事に―」▽元来は良い意味でない。近頃は特別の思い入れがあることも言う。

これは『岩波国語辞典』第六版の記述です。あっさりと分かりやすく簡潔にまとめるのが、この辞書の特徴です。

**こだわる【拘る】**㊀他人から見ればどうでもいい（きっぱり忘れるべきだ）と考えられることにとらわれて気にし続ける。「自説（メンツ、目先の利害）、枝葉末節に……」㊁他人はどう評価しようが、その人にとっては意義のあることだと考え、その物事に深い思い入れをする。「かぼちゃにこだわり続けた画家／材料（鮮度、品質、本物の味）に……」〔㊁は、ごく新しい用法〕

こちらは、あっさりしてないことで有名な『新明解国語辞典』第六版の記述。『岩波国語辞典』が「近頃は―」以下で申しわけ程度に触れている「ごく新しい用法」についても詳しく書かれています。人々に広く使われるようになった新しい使い方や意味を、たとえ「誤用」とされるものであっても積極的に載せていくのは、この辞書の特徴です。それにしても「かぼちゃにこだわり続けた画家」って、どんな画家なんでしょうか。用例がときどき面白いのも、この辞書の魅力のひとつです。

ともあれ、両方の語釈に共通しているのは、「とらわれる」ということです。何かにとらわれ、何かに執着する。しかも、それが過剰に思われるくらいに。ここに「こだわり」の核心があるといってもいいでしょう。

今では「こだわり」といえば、「新しい用法」で使われることが多くなっています。この回の冒頭に紹介した本も、少なくともその意味で読まれることを前提にしてこのタイトルがつけられている(ちなみに、この本、サブタイトルが「仕事・モノ・コト・人生の流儀」となっています)。

## 「こだわり」の時代

もともと「良い意味でない」この言葉が、プラスの意味でも使われるようになってきたのは、いつ頃からなのか。正確なところは分かりませんが、一九七〇年代から、若者言葉として使われ始めたようです。僕の大雑把な印象では、メディアに頻繁に登場するようになったのは、一九九〇年代からではないかと思います。一九八〇年代に、後に「バブル景気」と呼ばれることになる好景気の時期がありました。「グルメブーム」が起こって、テレビや雑誌が、「おいしい店」を紹介するコーナーを定番化して、そのなかで「食材にこだわる」料理人がクローズアップされたり、グルメライターが、「こだわりの味」とか「こだわりの一品」なんて言い方をし始めた。そのへんから「こだわり」という言葉を頻繁に目にするようになった。そんな印象です。

でも、そもそも、プロの料理人が、食材や調理道具に気を配るのは当然のことです。プロの大工さんが、資材である木を慎重に選び、厳選した道具を大切に扱うのと同じことです。プロじゃなくても、趣味で写真や模型作りや園芸やコーヒーなど、いろいろなことに凝る人は、昔からいます。そこに、良い意味ではなかった「こだわり」という言葉が、あてはめられたということです。

一方で「他人から見ればどうでもいい」ことに自分なりの「こだわり」を持ち、人生をそこにかけてしまっているような人々――「おたく」と呼ばれる人々が、七〇年代から登場して、九〇年代以降、徐々に社会的に認知され始め、その数も増加し、「こだわる」こと自体が普通になった。というか、そういう生き方もありかという感じになってきたのです。人生をかけないまでも、たとえば「キティちゃん」を偏愛し、グッズを集めまくっている人（キティラー）などが普通にテレビに出たりするようになってきたのは、この時代からです。

「こだわり」の対象は「食」（お取り寄せ、ブランド食器、珈琲・紅茶、飲料水、スローフードなど）、「住」（家具、インテリアなど）、「衣」（下着、装身具など）、つまりまとめて「衣食住」から、寝具、靴、時計、文房具、おもちゃ、フィギュア、などまでに広がって、さらに、自分だけのこだわりを持つことが、「かっこいい」「オシャレな」ことのように扱われる傾向にもなっていったのです。一九九七年には「マイブーム」という言葉が流行語大賞に選ばれています。「マイブーム」と言うと「こだわり」と言うよりは、一時的に「凝る」とか「はまる」といった言い方のほうが近いと思いますが、一時的なものであったとしても、それもまた「こだわり」です。

もともと「良い意味」ではなかった「こだわり」が、「良い意味」を多く含んで使われるようになったについては「アイデンティティ」という問題のありかたが変化してきたことと関係していると思われます。踏みこんでいくと大変なので、ここでは踏みこみません。ただ、『新明解国語辞典』が書いている二つの意味はつながっていて、本来の意味が意識されながら新しい用法が使われ出したというところを押さえておきます。

『新明解』の記述が、二つとも「他人」から始まっている点に注目してください。「こだわる」ということは、過剰に何かに執着すること、とらわれることですが、過剰だと判断するのは「他人」であって、「自分」だけが、そこに特別な意味を見出している、こだわりの対象はさまざまですが、結局は「自分」あるいは「自分のなかの何か」にこだわっているのです。

ですから、とりあえずのところ、そこに「良い」も「悪い」もないのです。それより前に、どうしてもこだわってしまう「私」がいる。今回のテーマは、その「私」です。

というと、ちょっと重い感じになりますが、ほんのささいなことでもいいのです。ただし、「普通」ではない、どこか偏った、過剰な感じがないと「こだわり」にはなりません。

### メモ① 自分の「こだわり」を思いだす

今回もまた、今のことでなくてもかまいません。むしろ、「昔、こだわっていた」ことのほうが書きやすいかもしれない。ということで、例によって「思いだす」からです。

昔のことでなくても「こだわり」がもうあたりまえになっていて、とくに意識することもないという場合もあります。昔を思いだすと同時に、自分の普段の生活を、ふるまいを、好きなことや嫌いなことを、あるいは人を、よくよく思いだしてみてください。

今回も、なんらかのカテゴリーを設定したワークシートを提示しようと思ったのですが、うまく作れませんでした。たとえば、「こだわり」の方向としてポジティブかネガティブかというような分け方は、あまり意味がありません。良いとか悪いとか、役に立つとか立たないとか、そんな一般的価値判断は、むしろ抜きにして考えて欲しいのです。

たとえば、納豆にこだわる。まず、藁《わら》筒に入ってるものでないとダメ。丁寧に小鉢に移して、箸で混ぜる。箸による攪拌《かくはん》は百回以上、五十回くらいの段階で薬味のネギ（小口に切ったもの）を投入し、九十五回でからしを混ぜる、醬油《しょうゆ》をかけるのは必ずその後。絶対に攪拌後でなければならない。もちろん、決して入れすぎてはならない。卵は入れるべからず。なんてね。僕も納豆は大好きですが、ここまでではない。醬油をかけるタイミング以外は、適当に妥協します。というか、たかが納豆じゃないか。と言ってしまったらそれでおしまいなのが「こだわり」です。いいも悪いもないのです。

では、対象別に分類できないか。「こだわり」の対象は、ごくごく大雑把に分ければ、「こと」「もの」「ひと」になるように思えますが、具体的によくよく考えると、そんなカテゴリーに入らない場合がいくらでもあって、きれいに線引きができるわけでもない。

たとえば「キティちゃん」グッズを集めて部屋中に飾っているような人は、一見「もの」にこだわるタイプに思えますが「キティちゃん」なら何でもかんでも買ってしまうわけで、実は「もの」にはこだわっていないのです。これは、「もの」を媒介とした、キャラクターへの執着なのです。あるいは「かわいい」へのこだわりと言ってもいい。

「食」へのこだわりが「健康」へのこだわりにつながっている人も昔からいます。毎日ヨーグルトを食べていたり、にんにくを欠かさなかったり。サプリメントを毎日十数種類飲んだりと、程度はさまざまですが、ときに「健康のためなら死んでもいい」みたいな人もいたりします。もう、何にこだわっているのか、謎です。

## さまざまな「こだわり」

いずれにしても、たいていの現代人は、何かにこだわっている。これは、たしかなことです。「こだわらない」ことにこだわっている人もいます。本人が意識している場合が多いのですが、ほとんど意識していない場合もあります。その多様性を示すために、今まで見聞きしたいろいろなこだわりに僕自身の例もまぜながら、無理を承知で整理・分類して、名前をつけてみます。それぞれの「こだわり」に身に覚えがあるなら、似たようなことがあるなと思ったら、そこにしるしをつけておいて、そこから具体的なメモにしてみてください。

**恋愛とか、愛とか憎しみとか**：つまり特定の「誰か」への執着です。たいへん分かりやすい。ただしこれは、現在進行形だったら、なかなか書けないテーマです。自分の感情との距離がとれないからです。ただ、これに関しては、サンプルはいくらでもあります。山ほどの小説や詩や短歌が、「恋愛」をテーマにして書かれているからです。

**家族**：マザコンとかファザコンとか、シスコン、ブラコンのように家族のなかの誰かが大好きというパターンもあります。この対象は、人間にかぎりません。ペットにこだわるひとは、人間にこだわる人より、むしろ多いかもしれません。自分の食事よりも、ペットの食事にお金をかけてしまうような人は、ざらにいます。文学作品で言えば、二葉亭四迷の『平凡』は犬の話、内田百閒『ノラや』は猫の話ですが、ともに家族としての犬・猫へのこだわりがよく書かれています。

**コンプレックス**：人はみな何かのコンプレックスを持っている。これが大前提です。他人にはたいしたことなくても、本人はすごく気にしてるということがよくあります。その「気にする」というところが、こだわりです。やや不正確ですが、あえて言いかえると「劣等感」とか「苦手」とか、そんな言葉になります。フリルが似合うのに、フリルが苦手だという女子がいました。スカートがはけないという人も、たまにいます。それから「お店で服が買えない」とか「優柔不断」とか「人見知り」とか、「背が低い」とか、話が下手だとか。そういえば、最近は、自分を「コミュ障」であるという人が多いのですが、ほんとうに「コミュニケーション障害」である人はめったにいません。たいていは、たんなる「人見知り」や「口下手」です。

実際のところ、これらは自意識の問題です。ちなみに、僕は中学のときまでクラスでいちばん背が低かったので、身長コンプレックスはずっとありました。反応が鈍い、瞬発力がないのもコンプレックスでした。大勢の人の前で話すのは、今でも苦手です。服や靴などは、今でも自分一人では買えません。

**苦手**：右でも苦手という言葉は使いましたが、自意識の問題とも言い切れない場合もあります。そもそも、「素で苦手」という場合です。この「苦手」には、おおまかに言って二種類あります。第一に「相性が悪い」。「あの人ちょっと苦手」「クラシック音楽が苦手」「豆類が苦手」「魚が苦手」など。要するに「好き嫌い」であることが多い。第二に「得意じゃない」。「数学が苦手」「計算が苦手」「体育が苦手」「整理整頓が苦手」「電子機器が苦手」など。これらはつまり、「能力の問題」なのですが、「嫌い」という感情にもつながります。ただし「歌うのが苦手」のように、能力なのか好みなのか線引きしにくい場合も多いです。

ちなみに僕の場合、整理整頓が苦手です。よく、ものがなくなります。子どもの頃から落ち着きがなくて、じっとしていることが、苦手です。じっとしていなければいけないような場面になればなるほど、意味不明に身体がもじもじと動いてしまう。あと、絵心がないというか、絵が苦手です。人間を描こうとしても「棒人間」しか描けません。それから、病院が苦手です。あの建物に入って、あのにおいを嗅いだだけで体調が悪化するような気がします。床屋や美容室も似たようなものです。

山口瞳の『江分利満氏の優雅な生活』は、この作家が自分自身を主人公にして、実にさまざまな「こだわり」を語っている小説ですが、苦手を列挙するくだりで「蝶結びができない。何度やっても、おっ立ち結びになってしまう」というのがあって、身につまされたことがあります。僕も、蝶結びが苦手です。運が良ければできるようなものです。だから「紐《ひも》のある靴は履かない」が、長い間、僕のこだわりでした。もちろん、ネクタイなんか苦手以前にまともに結べません。

ともかく「苦手」をあげていくときりがないのです。これでよくここまで生きてこれたもんだと、自分に感心してしまうくらいです。

**失敗・ミス**：過去の失敗。「やってしまった」経験。いま思いだしても顔が赤くなるような、取り返しがつかないような失敗。できればなかったことにしたい経験。僕にもいくつか覚えがあります。そのとき迷惑をかけた相手のほうは、とっくに忘れていたりします。

**いわゆる「トラウマ」**：「心の傷」というほどのことでなくても、過去の何かにこだわっていて、身体が硬直してしまうような経験もあります。そのことが「苦手」につながっている場合も多いようです。「女子」にいじめられた経験から「女子」が苦手になった人がいました。一人なら大丈夫なのですが、女子が二、三人で連れ立っていると、身体がこわばってしまう。感情としては「こわい」、「何となくいや」「びくびくする」など。僕が人前で話すのが苦手なのも、たぶん、小学三年生の時に劇の主役をやらされて恥ずかしい思いをしたあの時の記憶のせいです。実は、女子がたくさんいる状態が怖いのですが、これもたぶん、小学二年の時に大勢の女子高校生に取り囲まれた経験のせいです。別にいじめられたわけではないのですが。

**強迫**：出かけてから、「あれ、ガスの火消したっけ？」と、一度気になりだすと、もう気になって気になってしょうがない。ついにやもたてもたまらなくなって、仕事を放り出して家にかけ戻る。そんなコマーシャルがありました。こういうのを「強迫」と言います。「清潔」にこだわっていつも手袋をしている人とか、マスクしてないと外が歩けない人なども同類です。トラウマやコンプレックスとつながっている場合もあります。

『恋愛小説家』という映画でジャック・ニコルソンが演じたのは、複数の強迫を抱えた孤独な小説家でした。マンションの自分の部屋に五個くらい鍵をつけていて、外出から戻るといくつもの鍵をかけて、次にやけどするくらいの熱湯で手を何度も洗う。外に出たら出たで、この人は他人との接触が無理なうえに、路上の「線」を踏まないように歩くので、とても難儀するのです。これはまあ、いくらか誇張が入っていると思いますが、このレベルになると立派な「病気」です。でも「こだわり」にもグラデーションがあり、軽い強迫ならけっこうあります。

床に落ちたものに触れないという人がいました。ビスケットなんかを床に落としたとき、たいていは「三秒ルール」で、ふっと吹いて食べてしまうのですが、その人は食べられないのです。床が「汚い」からです。食べ物といえば「消費期限」にこだわって、一日でも過ぎたら、どんなに大丈夫そうでも捨ててしまうという人もいます。

机の上の文房具などが、全部「きちんとまっすぐに」置かれていないと気がすまないという人もいました。「まっすぐに」というのは「机の四つの辺と完全に平行に」ということで、しかも上下があるものは、上下正しくなければいけない。ちょっとでも角度がついていると気になってすぐに直す。たまに他人の机の上を勝手に直したりもする。似たような例では、財布の中のお札がすべて同じ方向でそろっていないと気がすまないという人がいました。この「気がすまない」感じ、そうでないと落ち着かない感じ、不安になる感じがまさしく「こだわり」です。

僕の場合、根がいいかげんな性格だからか「強迫」的なこだわりはありません。ただ、出かけるときに何か本を持っていないと落ち着かないというのはあります。ちょっと遠出するときは、念のために三冊くらい持っていきます。本ではなくてCDを持ち歩く人もいました。小さい再生機器ではなくてCDをセットするタイプの再生装置で、移動中いつも音楽を聞いているからですが、念のためなのかどうなのか、常に二十枚以上のCDを持ち歩いていました。気持ちは分からないでもないですが、どうかしてます。何かがいつもないと不安になるというのはむしろ「依存」に近いのでしょう。

**自分ルール：自分で決めた自分のルール。**「赤信号は絶対に渡らない」という人がいました。

いや、たしかにそれは普通の交通法規なのですが、繁華街の、全長が二メートルくらいの横断歩道で、右を見ても左を見ても車の影すら見当たらないとき、みんながぞろぞろと通っていくのに、この人はそうプログラムされたロボットみたいに、青になるまで動かないのです。聞けば、信号が赤の時に渡ろうとして車にはねられたことがあるそうです。つまり、「いわゆるトラウマ」系です。トラウマとは関係なく、信念として信号は守るという人もいました。「シャンプーや中性洗剤を使わない」も、信念系です。「ルール」という点が、ほかのこだわりと違うところです。「ルール」だから、基準が明確で、厳格に適応されるのです。ジンクスの類も広い意味ではそうですね。

**これだけは譲れない（モノ編）**：コーヒーの銘柄とか、ビールのブランドとか、化粧品とか、文房具とか、家具とか。これはおもに好みや美意識に由来するものですが、実際そのメーカーがいちばんなのかどうかは検証されていない場合が多いようにも思います。枕が変わると寝られないという人がいますが、旅に出る時「マイ枕」を持ち歩く人もいます。けっこうな荷物になるはずですが、この場合は、好みでも美意識でもなく、身体の感覚の話になります。ちょっと「強迫」に近い気もします。

**これだけは譲れない（行い編）**：朝のシャワー＋シャンプー＋化粧は譲れないという人がい

ました。出かける時には遅刻してでも三十分以上化粧に費やす。そんな人が、十月くらいにいきなりすっぴんで現れたりすると、当然、誰だか分からない。

化粧だけでなく、ファッションにこだわる人も、一定数、確実にいます。もちろん、男子にも多い。いや、たいていの人は「自分なりの服装」をしていて、髪形や髪の色にまで気を遣っているものですが、例えば、百メートル向うにいても「あ、○○さんだ」とわかるような鮮やかな色遣い。そんな人がいました。彼女は一年生のときから四年間それで通して、その間に派手な色遣いも洗練されているのですが、そのブレのなさに感心させられたものです。

僕の場合、ファッションに気を遣うことはほとんどありませんが、たとえば外国映画は吹き替え版ではなくて字幕つきで見るというこだわりがあります。ただ、海外ドラマの場合は、逆に吹き替えの方が好きだったりします。

**これだけは許せない**…「湯豆腐」が許せないという人がいました。冷奴しか認めない、豆腐があったかいのが許せないというのです。僕は「ご飯にマヨネーズ」だけは許せない。人がやってるのも何だか許せない。「好き」の真逆ですね。豆腐のこだわりでは、絹ごしか木綿かというのもあります。つまりは、「好み」の問題なのですが。

なお、食べ物の場合、「偏食」という言葉もありました。「好き嫌い」が、はなはだしいタイプです。また、アレルギーというのもありますが、これは好みの問題ではなくて、身体の問題で、今回のテーマとは、ちょっとズレます。しいて言えば「苦手」系になります。そういえば、知り合いに蕎麦《そば》アレルギーがあって食べられないというひとがいましたが、その人は「あんこ」も食べないのです。こちらはアレルギーではなくて「豆なのに甘いのが我慢ならない」という話でした。

まったく種類の違う「許せない」もあります。やおい系二次創作のカップリング。「A×B」が大好きだけど、「B×A」は絶対無理とか、「C×A」は許せない、というこだわりをよく聞きます。「おいしくない」という意味では、食べ物と似ているのかもしれませんが、なぜ許せないのか、分かるような説明を聞いたことがありません。

オタク系のこだわりといえば、「ネタバレ」が許せないというのもあります。漫画やアニメや小説や映画や、場合によってはゲームの話をするときも、まだ読んでいない、見ていない人に、あらすじを喋ったり、知らない情報を喋ったりする。これが「ネタバレ」です。許せないという人はかなり大勢います。僕もそういうタイプです。作品に興味がなければ、まったくかまわないのですが、面白いと思って読んでいるものの情報は嫌です。推理小説の「犯人はこいつだよ」などは、たんなる不注意ではなく、たちの悪い意地悪としか言いようがない。その場で首をしめたくなります。

**「あのことだけは許さない」**：うらみつらみ的なことですが、「絶対に許せない」から「根に持つ」「軽く根に持つ」まで、グラデーションがあります。こんなひとがいました。保育園に通っていた頃、はまっていたゲームで最後の局面を残してお母さんにゲーム機を預けて保育園へ。楽しみにしながら保育園を終わったら、お母さんがラスボスを倒してしまっていた。「今でも根に持っている」というのは、このお母さん、ほかにもいくつかやらかしているらしいのです。

こういう、他愛のない笑い話であることも多いけれど、マジで許せないというのもあります。ただし、今でも本気で怒っているような場合、書くときのハードルは高くなります。

**頑固**：たとえば「カラオケには行かない」という人は、たまにいます。つきあいでやむなく行っても、絶対に自分は歌わないとか。あるいは、スマートフォンを持たない、「ガラケー」がいいという人。スマホどころか、そもそも携帯電話を持たないという人もたまにいます。書くことを仕事の中心にしている作家などの場合、あくまでも「手書き」にこだわってパソコンを使わないという人も多いんじゃないかと思います。

これらは「自分ルール」「苦手」に近いのですが、もっと頑なな感じがして、「自分ルール」よりは感覚的というか、生理的です。でも、「苦手」とくらべると、逆に理屈っぽいこだわりです。

**プライド**：「自分ルール」や「頑固」と、基本同じなのですが、そこにプライドがからんでくる。その昔「宵越しの銭は持たない」「襟垢のついてないこざっぱりした格好」は、江戸っ子のプライドだったのです。「ださい」ことはしないというプライドもあるし、「職人としてのプライド」のように、職業・仕事に関するプライドもあります。僕は昔、スクリーンでしか映画は見ないという「こだわり」を持っていました。「自分ルール」でもあり、「これだけは譲れない」風でもありますが、そこに映画ファンとしてのプライドを持っていたのです。でも、このこだわり、「名画座」と呼ばれる、昔の映画を上映してくれる映画館が次々になくなり、同時にDVDで昔の映画がたくさん見られるようになって、あっさり崩壊しました。このように「こだわり」というのは、社会的条件に大きく左右されるものでもあります。

**熱狂的ファン**：「ハマる」と深いと言われ、最近では「沼」などとも言われるこの世界。ジャニーズ、AKB、「テニミュ」「ラブライブ」のようなオタク系だけでなく、バンドの追っかけや、芸人の追っかけをする人もいます。

サッカーや野球の応援団にも、全国を飛び回る人がいます。サッカーのもっとも熱狂的なサポーターは「ウルトラス」と呼ばれますが、ゲーム観戦では、ゴールの裏側にいることが多い。そこで応援することや、ライバルチームへの敵愾心《てきがいしん》や、チームカラーをいつも身につけることなど、こだわりの多い人たちです。ヨーロッパや南米には、地元サッカーチームを応援することを人生のどまんなかにすえているような人が、たくさん存在します。

**いわゆるオタク**：集める人、またはそこにだけはお金を惜しまない人。あるジャンルにやたら詳しい。右の「熱狂的ファン」の対象は三次元ですが、こちらはおもに二次元担当。ほかのこと（たとえば服装）にはこだわらないけれど、その方面にはやたらとこだわる。

**マニア**：「おたく」という言葉が登場する以前から、何かに「凝る」人はいました。「鉄道マニア」がよく知られていますが、「写真」「盆栽・園芸」「石」「古い地図」「間取り」など、対象は多種多様です。

**フェチ**：フェティシズムというのは「もの」や「身体の一部」に執着することで、性的倒錯も含みますが、フェチというと、もっと軽い感じ。フィギュアなどを集める人は、確実にこのタイプですが、こだわる対象は、大は車から小は小物雑貨まで、さまざまです。ちなみに僕は「言葉フェチ」ですが、小さなフィギュアなども好きです。

**捨てられない**：フェチの一種かもしれません。「もったいない」ということで何でも取っておく人は、年が若くてもけっこういます。子どもの頃のヌイグルミを捨てられないとか、対象が特定される場合も多いですね。僕の場合、なんでも「とっておく」タイプです。学生時代は新聞をため込んでいました。いや、切り抜きをして整理するつもりでそうしているのですが、もともと整理整頓が苦手なので、ただ、たまるだけになります。部屋が狭くなります。でも、捨てられない。ここがポイントで、捨てた途端に何かがダメになるような、そんな感覚なのです。

**やめられない**：わかっちゃいるけどやめられない、という歌があったけれども、これはほぼ「依存」というやつですね。酒、タバコ、ギャンブル、買い物、薬物などが王道ですが、例えばスマホのゲームにハマって、年中やっている、けっこうな額のお金を費やしているというような状態も、ある意味「依存」に思えます。

**癖**：意味なく髪の毛を引っ張るとか、目をぱちぱちするとか、たまに小さい子どもがやってるのを「チック」といいます。僕は子どもの頃「髪を引っ張る」をやっていた記憶がありますす。これは身体の癖ですが、口癖というのもあります。誰かの口癖や仕草を真似していたら癖になってしまったという場合も多い。いい大人になっても、そんな癖が残っていて、自分では気がつかなかったりする。ポイントは、右と同じように「やめられない」というところです。誰かに注意されて、あるいは自分で気がついて、意識してやめると、とたんに落ち着かない、不安な気持ちになってしまう。

何だかとりとめもなく延々と書いてしまいましたが、右に並べたのは、無理を承知で整理・分類してみたさまざまな「こだわり」のありかたです。とりあえず見出しはつけましたが、これらの名前に対応してはっきりと線引きできるわけではなく、どれかとどれかがつながっていたり、重なっていたり、似ていたりもする。ここにあげられていないこだわりも、山ほどあるはずです。人の数だけこだわりがある、と言うと言い過ぎかもしれませんが。

むしろ、こんなこともあるし、こんな感じもあるという「あるある」として、思いだすための手がかりとして、読んでください。

グラデーションという言葉を何度か使いましたが、「こだわり」には、程度の違いがあります。「いくらか過剰な感じ」「ちょっと普通じゃない感じ」もあれば「いくらかこじらせた」場合もあるでしょう。「恋愛」がこじれて最悪「ストーカー」になるように、程度の幅は大きいものです。軽くても重くても、どんなヘビーな話でも、ささいなことでも、とりあえずはあらいざらい思いだしてみてください。

さっき並べた「さまざまなこだわり」に、思い当たるところがない。思いだしてみても「とくにこだわりがない」という人も、たまにいます。そんな人とは、雑談をします。雑談のなかであれこれと聞いていけば、たいていは、なにかしら「ある」のです。

ここでは雑談はできませんが、そんな人は、「ふだん気をつけていること」あるいは「今気になっていること」、それから「なんだかひっかかっていること」などを思いだしてみてください。たんなる「大好き」でもかまいませんし、一時的な「マイブーム」でもいいのです。

### ネタを選ぶ

何を書くのか探っていくときに大事なのは、今回もまた「そのこととの距離」です。今回のテーマは「私」ですから、「私」との距離です。「こだわり」との距離です。距離があったら「こだわり」にならないじゃないかとも思えますが、さあそこが考えどころです。

「こだわり」をそのまま書くのではなく、「こだわっている自分」について書くわけです。

そもそも「書く」という営みには、そういう性質がありますが、感情をそのままぶちまけてしまって、それでおしまいみたいな文章は、なかなか書けないものです。「書く私」と、「読む私」とが、いくらかのタイムラグを伴って、ほとんど同時に存在しているからです。「こだわり」について書くというのは、その「こだわり」を、いくらか上から冷静に見おろすということです。別の言い方をするなら、その「こだわり」の外側からこれを観察する、そういう視点を持つということです。この視点を持てるかどうか、このような頭の使い方ができるかどうかというところが、書けるか書けないかを判断するための、大きなポイントです。

これができないと、説明も描写もできません。今現在のことよりは、昔こだわっていたことのほうが書きやすいかもしれないというのは、そういう意味です。ただし、ここが難しいところですが、こだわっているときの心や身体のありようを、生き生きと描けるかどうかも「伝わる」ための大事な条件のひとつです。今まさに「こだわって」いながら、同時にそのことを冷静にとらえられるというのが理想です。

個人的な印象ですが、いわゆる「おたく」のなかに、こういうことをできる人が、意外に多い気がします。こだわりながら、けっこうクールなタイプでもあります。そういう人は、自分のこだわっているジャンルや作品について異様に詳しく、熱く語ることができるだけでなく、その世界についてまったく知らない「しろうと」に、分かりやすく要領よく説明することも上手にできます。何かにはまっている人にとって、この「しろうとにも分かるように説明する」ことのハードルは高いのです。どうしても「仲間うちの言葉づかい」になってしまう。分かるように、しかもくどくならないように書けるか。「おたく」に限らず「部活もの」なんかでもそうですが、このことを意識してネタを選んでください。

### メモ②「HOW」と「WHY」を意識して

ネタの候補が決まったら、今回もまた、5W1Hを意識して、おおまかな流れをメモにしながら、あたりをつけていってください。「いつ」「どこで」「誰が」などは、必要に応じて説明すればいいのですが、「HOW」つまり「どのように」「どのていど」は、大切です。とくに、何かにはまっている場合「こだわり」の中身の描写は、その具体性にかかってきます。たんなる頻度や量の問題だけでなく、心のありようもまた「HOW」のうちです。

さらに、今回は「WHY」なぜこだわるのかも、考えてみてください。別の言い方をするなら「WHAT」、それはつまりどういうことなのか、ということです。

例によって、文章のサンプルをいくつか紹介します。ただ、その前に、「記憶に残ること」「場所」で紹介した文章を、読みかえしてみてください。それぞれの文章に、それなりの「こだわり」があります。子規の『飯待つ間』は、自分について書かれたものではありませんが、「飯」にこだわっていることは、分かります。『本庄』は、自分のことではありませんが、牛乳にこだわっていました。

「場所」の文章もまた、それぞれの場所へのこだわりが感じられますが、とくに「地歴準備室」は、ど真ん中の「こだわり」です。今でも怒りが持続しているせいで、その感情との距離がとれていない、ほぼそのままであるという点も、参考になります。

まず、僕の書いたものから。あらかじめことわっておきますが、呆れないでください。

**ジンクス**

僕の宗教は野球。野球の神様を信じ、野球の神様に帰依している。

宗派はNBLセントラルリーグ中日ドラゴンズ。二十年ぶりに優勝した、忘れもしない一九七四年、監督与那嶺要《よなみねかなめ》、エース星野仙一の時代からのファン――じゃない「信者」だ。我々にとっての賛美歌第一番「燃えよドラゴンズ」は、もちろんフルコーラス歌える。「聖地」ナゴヤドームへの巡礼は、毎年一度は必ず出かける。

野球の関係者がゲンを担ぐことは、よく知られている。横浜で「大魔神」の異名をとり、その後大リーグのマリナーズでも活躍した抑えのエース佐々木は、球場に向かう道筋から、ウォームアップ中に使うタオル、マウンドに向かうときにラインをまたぐ足など、ジンクスが十個以上あったそうだ。理詰めの野球で知られるノムさんこと野村元監督も、負けた翌日は道順を変える、勝った日に着ていたスーツを着続けるなどのゲンを担いでいたという。メジャーリーグの年俸何億ドルの超一流プレーヤーだって、たとえば自分の背番号にこだわったり、調子のいいときの道具にこだわったり、縁起を担ぐための奇妙なグッズを身に着けていたりする。

野球に限らず、あらゆるスポーツには、もっと言えば人生には、もう「運」とか「ツキ」のせいとしか言いようがない、人智を超えた瞬間が存在し、勝負を左右する。だから、人智を超えた何かを頼るのだ。

そういうわけで、僕もまた、勝つために様々なジンクスを駆使する。ジンクスとは、野球観戦のみならず、日常生活全般にわたる様々な決まりごとのことだ。一例を挙げよう。

勝っているときは動かない。これは勝負の鉄則である。そこに、ジンクスの王道「変えない」の根拠がある。学生時代の僕は、パンツを替えないということを徹底してやっていた。負けたら替える。勝ったら替えない。シンプルで実行しやすい。チームが連勝すると、同じものを着っぱなしということになるが、プロ野球では、連勝してもせいぜい五連勝くらい。2カード連続3タテ（同じチームに三連勝すること）なんてめったにないから、チームの調子が良いときでも、週に一回はパンツを替えることになる。彼女もいない男子学生にとっては、洗濯のペースとしてもそれくらいでちょうどいいのだった。ある年夏場に八連勝したことがあり、試合のない移動日もはさんでいたから二週間近く替えられなかったことがあった。このときはさすがにきつかったが、なるべく汗をかかないようにして毎日シャワーを使って、何とかしのいだ。

現実の世界は、確率どおりにはいかない。必ず偏りが生じ、濃淡ができる。当時十枚そこそこしか持たなかったパンツだが、とっかえひっかえするうちに勝率の良いもの、悪いものの差が意外なほど大きくなる。そこで、ここぞというときのために、勝率の良いパンツをキープしておくということもやるようになる。いわゆる「勝負パンツ」である。どちらかが三連勝すると首位が入れ替わるという、いわゆる「天王山」のゲームを、この勝負パンツで見事三連勝したとき、「私のパンツとドラゴンズの勝敗との因果律」という、超科学的な真理が実証されるのだ。

だが、この方法は、ある年破綻した。パンツが一巡しても勝てない。「勝負パンツ」もできないという時期が続いたのだ。どのパンツを穿《は》いたらいいのかわからなくなった僕は、とうとうパンツを穿かないという手に出た。そのとき三連勝くらいしたのに味をしめて、その年はずっとパンツなしで過ごしたのだが、結局その年のドラゴンズは最終決戦でジャイアンツに敗れて二位にとどまった。さらにその翌年、ドラゴンズは、負けに負けて最下位になり、パンツのジンクスは全くの役立たずになったのだった。

ジンクスとは、人智によってはいまだ解明できない宇宙の法則、なんて事をマジで考えているわけではない。ジンクスは、野球の神との契約であり、生活に秩序と張りをもたらしてくれる決まりごとだ。実際、野球がないときの僕の生活はぐだぐだもいいところで、パンツなんか、ふと気がついたら何週間も同じものだったりする。まあ、いいか、野球がないのは基本的に冬場だし。

まあ、自分で読んでもちょっと呆れますね、やっぱり。この「ジンクス」というのは、野球に限らず、何かプロスポーツが好きで、どこかのチームのファンで、しかも試合数が多く―というと、あとはサッカーくらいしか思いつかないのですが、熱心に応援している人になら「分かる」話だろうと思います。「HOW」の部分も、「WHY」についても、それなりに書いたつもりですが、そもそもスポーツ観戦をしない人、野球やサッカーに興味のない人には、いちばんの根っこのところが分からないだろうと思います。そこのところは、最初に「宗教」という言葉を使って逃げているのです。

次は、こんなバカな話ではありません。学生が書いたものです。

## わたしだけの運動会　T・A

一段では物足りない。三段だと届かない。二段がちょうどいい。階段を見ると、なんだか無駄に二段飛ばししたくなる。それも、長ければ長いほど煽《あお》られているような気がしてきて、別に急いでいるわけでもないのに、わたしは全力で駆け上がろうとする。このことで、筋肉痛になったこともあったけど、わたしにとって、勝利の証だから、気にしない。

小学生くらいの頃のわたしは、競争心というものをあまり持っていなかった。欲しいものがあっても、横から誰かがそれを欲しいと言えば、諦めるようにした。給食の前は戦場のようだった。余ったコロッケをかけて、皆が燃えていた。わたしもコロッケが欲しいひとりだったけれど、コロッケのためにジャンケンをしに教卓へ赴くのには若干抵抗があった。勝つ確率が低い。たかがコロッケ。されどコロッケ。わたしは揺れた。皆は、そんなコロッケひとつに全力になっている。熱すぎて、わたしの入り込む隙間なんて、微塵《みじん》もないような気がしてしまった。結局、悩んでいるうちに、参加は締め切られ、わたしは、コロッケなんていつでも食べられる、と自分に言いきかせた。そうやって、いつも、諦める心を育てた。

それは順調に育っていって、わたしから全力になること、とか、やる気を奪っていった。だから、勝負事にも興味がなくなった。勝負をしたら、勝者と敗者がでる。そんな当たり前のことが、あの頃のわたしには、とても恐ろしいことのような気がしていた。

運動会で、絶対一位じゃなきゃ、駄目だ、何て言う奴がいた。そういうのは、自分に自信があるからこそいえる言葉だと思った。わたしとは無縁のもの。わたしは、絶対に一位を取る、なんて、考えたこともなかった。たぶん、全力で誰かに勝とうと思ったことも、一度もない。応援の声が四方から聞こえた。がんばっていないわたしが、がんばっている誰かに、がんばれ、なんていうのはおかしいような気がして、応援することもできなかった。わたしはテントの中で、皆が必死に走るのを眺めていた。自分の競技もそれなりにすませた。だから、優勝しても、優勝に貢献していないので、あまり喜べなかった。むしろ、わたしがいてもいなくても、このチームは優勝できたということが証明されてしまったのだ。全力でがんばった人だけが、全力で喜んでいた。

それでも、わたしは、全力になることが怖かった。そこには限界があるから。限界までがんばって、負けてしまったら、なんだか、もう、ずっと駄目だって言われてしまうんじゃないか、って。負けるということは、自分を否定されることに似ている。だから、限界なんて見たくない。何もできない自分のことなんて、知りたくなくて、全力で勝負することを最初からやめた。がんばらなければいい。必死になるから、期待する。期待が大きければ大きいほど、勝てなかったときの絶望が大きい。コロッケだって、そうだ。最初から手に入らないと思っておけば、悲しくなんてない。

悔しさをバネにして次は勝てるようにがんばります、なんて、その頃のわたしは思えなかった。悔しい思いなんて、できたらしたくない。多分、わたしは、競争心がないんじゃない。負けるのを恐れて、自分から隠そうとしているんだ。負けたくないから、勝負をしないなんて、卑怯《ひきょう》だと思っていても、どうしても、怖かった。

本当は、こんなわたしは嫌いだ。まっすぐに一位を狙えることが、コロッケひとつに全力になれることが、羨ましかった。敗北なんて考えない。自分の力を信じてる。わたしもいつのまにか、そんな風になりたいと思っていたのかもしれない。

そんなんだから、今になって、馬鹿みたいに二段飛ばしなんかをするんだと思う。あの頃にできなかった、全力になること、を感じたくて、

人通りの少なくなった夜の地下鉄で、わたしは背後を確認してから、スタートラインを飛び越える。登った先に何かがある、というわけではない。ただ、自分と勝負している。諦める必要もなく、ただ全力になれる。そのとき、あのやる気を失ったわたしが、わたしから消える。この瞬間のために、わたしはこれをやめない。これは、いつか、何か、全力になりたいと思えるものを見つけるまでの準備運動だ。

本当は、全力で勝負したかった。いつだって全力で生きて、小さなことにだって全力になりたい。隠していたわたしの中の小さな思いが溢れた時、ただの階段はグラウンドになってくれる。

階段を二段ずつ駆け登るという、ひそかな「勝負」の話です。広い意味では「自分ルール」または「癖」のたぐいですが、実は、「勝負したくない自分」という問題だった。そういう文章です。

こんなふうに、ひそかに自分一人の勝負をしてしまう癖は、僕にもあります。高校時代、バス通学だったのですが、バス停までは自転車を利用していました。このとき使う抜け道が僕の「勝負」の場所で、せまくてでこぼこで、急な登りも曲がりもある道とも言えないような道を、一度も足をつかないで走りきれたら「勝ち」というルールでした。これは、アバウトなゲン担ぎで「うまくいった日は、いろいろうまくいく」と思い込むのです。七勝三敗くらいだったと思いますが、負けた時は、占いが悪かった時のようにちょっと覚悟して、それからすぐに忘れていました。

この「私だけの運動会」の場合は、自分のこの「癖」について、「なぜ」というところを掘り下げていった結果、その根っこにあった「こだわり」に気がついたということです。勝負したくないけれども、ほんとうは勝負したいという面倒くさい思いを、うまく言葉にしている文章です。ただ、全力で勝負して負けるのが怖いというその気持ちは、どこから来るのか。第五段落から第六段落の説明は丁寧でよく分かりますが、根っこのところに「なぜ」は残ります。

もうひとつ、これも、同じような話です。

## 執着を隠すことへの執着について　H・S

数十メートル先、人が歩いている。よく晴れた午後の教室までのゆるい坂道。その日はふっと「抜かしてやりたい」という衝動に駆られた。と同時に小学校の時の短距離走の光景がよみがえる。全力で人を抜かした時の快感。ゴールした直後、息は切れ汗がとめどなく流れるのに、何ともいえない気持ちよさがあった。それをもう一度味わいたい。

しかし、私の足が早まることはなかった。

そういえば私は、ひどく負けず嫌いな子どもであった。走ることも勉強も書道もピアノも、遊びでさえも、負けたら、人より劣っていたらくやしくて感情を表に出すことも少なくなかった。

小5くらいで絵を描くことにハマりだしてからは興味関心の対象、勝たなくてはいけないものはうんと減り、中学に入ってからは、テストの順位が中の下になろうが、足が遅くなろうが何とも思わなくなってしまった。私には絵さえあればいいのだ！　そう思った。

時間があれば絵を描いて、趣味特技とあれば絵を描くことと即答し、今みたいに時々きらいになったりすることはなかった。それまで分散していた負けたくないという気持ちはどんどん絵に集中していき、当時、自分の生きる世界の中心であった学校の美術部で、一番上手くありたいとばかり思っていた。常に闘争心を抱き、人と比べ、上手いという証である「賞」が欲しくてたまらなかった。さすがにそれを前面に出してはいなかったが、今よりずっとピリピリしながら絵を描いていた。

転機は高校受験失敗である。絵に相当な思い入れやら自信やらがあった私は、県内でひとつしかない「デザイン科」に惹《ひ》かれた。（当時は絵画やデザイン等の分野を理解しておらず絵に関する名称であればいいと思っていた）推薦入試を受けることになってから一か月弱、テレビ、ゲームを自主禁止し学校から出される同じようなお題の作文をこなし、面接練習で居残り、実技のためにやったこともないデッサンと向き合った……やったこともない努力はしんどかった。今思うと、ただの付け焼刃なのだが、当時は、こんなに努力したのだから受かるはずだ！　と信じてやまなかった。

その上の「不合格」である。

落ちた事実を担任から聞いた時、泣き崩れた。最悪の形で不安から解放されたのである。悲しさなんていうのは、一週間程でなくなった、ただ自分が落ちたことと、友達は合格したという事実はくやしすぎて受け入れられなかった。

この「不合格」は私に、世の中にはどうにもならないことがあるということを知らしめ、落ちることへの恐怖心、トラウマを作った。そして何より、負けたのだ、私は。絵にこだわり続けた三年間を思い返したらひどくみじめな気持ちになった。才能ないくせに、下手なくせに執着していた自分を心底カッコ悪いと思い、以後執着することを嫌うようになった。

しかし、絵への執着は捨てることができず、一般入試で合格したちがう高校の総合学科の美術コースで部活は美術部と、結局絵にまみれた生活を送った。

ただ、あの転機により絵に対する姿勢は表面上の変化をとげた。「勝たなくてはいけないもの」ではなく「楽しければいいもの」としたのだ。授業は上手く描かなければならないという思いを捨てるように心がけ、部活は制作もするが、友達と喋ってらくがきを楽しむことが多かった。「賞」は欲しかったが、公募に出しすぎると頑張ってる感が出るし、それのどこにも引っかからなかったらカッコ悪いので課題はやらなかった。

作文にはよく「自分が納得する絵を描きたい。人の評価は関係ない。」と書いた。でもそれは叶わなかったし、これからも叶うことはない。私は多分良い評価を得たり、そのことで満足したりするのだ。今まで何度も、時間と気力を費やした作品を、評価が得られなかったという理由で捨てた。逆に評価が得られた作品は、私の元にいつまでも残り、輝き、こだわりの対象となっている。結局私は結果に、勝ち負けにこだわっているのだ。

けれども、私はあの日のような思いをすることをひどく恐れている。だから普段、絵に対して冷めた態度をとるし、他人が「賞」をとったりすると内心くやしくてたまらないくせに周りにも自分にさえも興味のないふりをする。負けた時のくやしさを和らげる為に闘争心を閉じ込め続けている。閉じ込め続けたらそれは無くなるだろうと、時に無くなったと錯覚さえしてしまうが、確かにまだ私の中に生き続けているのだった。

その日、走らなかったのは、汗をかくからでも6センチヒールのサンダルをはいていたからでもなく、それがどこかで順位のつかない意味のないものとわかっていたからかもしれない。

「抜かしてやりたい」と思ったあの衝動はなんだったのか。普段本質を隠しとおそうとしているのが為の副作用的なものではないだろうか。……！　いや、多分暑さで気がやられていたのだ。

本日も私は歩く。


前の文章とよく似ています。それもそのはずで、これは、前の「私だけの運動会」に触発されて書かれたものです。同じような話ですが、掘り下げが具体的で、面倒くさいと言えばもっと面倒くさい、けっこう「こじらせた」感のある自意識です。もともと負けず嫌いで「勝負」にこだわり「賞」にこだわるタイプなのに、受験失敗のトラウマから、そういう執着を避けるようになり、それでも実はこだわり続けているのに、そのことを隠そうともしている。ここまでこじらせること自体は、珍しいことではないかもしれませんが、そういう「私」を、これだけきちんと言葉にできる人は、なかなかいません。実際、彼女は「自分を突き放す」言葉に長けていて、ときに「自分自身を罵倒する」ようなことも言ってのけるタイプです。ただし、この文章もそうですが、自虐的ではない。「自虐」のようなてらいや甘えや、あるいは、ごまかしやきれいごとがない。この文章のいいところは、そこにあります。ただ、それでも結局、「絵」にこだわり続けているのは、どういうことなのか。そんなにこだわるならもう開き直って勝負すればいいのに、という疑問は残ります。

なお、今回のテーマでは「自虐ネタ」に走ろうとする人がたまにいますが、これはかなり難しいものになります。「私」との距離が、相当にとれていないと、かえって痛々しい、あるいはたんに見苦しい、甘えの見える文章になってしまいます。

## 「私」を伝える

言ってしまえば「こだわり・ひっかかり」というのは、人それぞれの「偏り」です。言い換えるなら、その人の「個性」の一部。あるいは、人それぞれの固有の経験の一部分。つまり「人生」の一部。そこには、ネガティブな感情も、意固地なこじれも、ダメなところも、残念なとらわれも、ポジティブな姿勢や構えと同じように存在するということです。

例えば同じ趣味の仲間がいたとしても、同じこだわりの友人がいたとしても、同じような経験をした人がいるとしても、こだわり方、偏り方は人それぞれで、だからあくまでも「私のこだわり」なのです。

ということは、「なんでこだわる?」「それってどういうこと?」のコタエが、基本的に自分の中にしかないということです。伝えるためには、自分で考えて自分の言葉にするしかない。

さらに、くりかえして言いますが、「私」がそういう「私」であるということについて、良いとか悪いとか、正しいとか間違っているとか、そういうことを言いたてても意味はないのです。「正しい」「間違ってる」の根拠は、「私」の外側にあって、他人が判断するものです。「こだわり」に根拠はありません。ただ、「こだわってしまう私」がいるだけです。その「私」が、どれだけ正確に伝わるのかどうかという点が大事なのです。

ここで、やや唐突かもしれませんが、夏目漱石の言葉を引用したいと思います。最初から書かれたものではなく、講演を記録したものです。一九一三(大正二)年の十二月に、第一高等学校で行われた講演です。「模倣と独立」というタイトルがつけられています。

この講演で、漱石はまず最近見に行った展覧会の悪口から始めます。そこで見たのは、それぞれよく描けた日本画なのですが、どれもこれも「面白くない」「腕力はある、腕の力はある。それじゃ何処が悪いかと言えば、頭がない。頭がなくて手だけで描いている。」まるで、上辺だけあたりさわりがなくて、上手にふるまうことができる「紳士」のように「ノッペリしている」と、かなりひどい言いようです。さらに、別の展覧会の話。こちらは、油絵、つまり洋画なのですが、西洋の技法をうまく真似しているだけで「自分がない」と言います。そして、三つ目の展覧会の話。なんだかあやしい客ばかりで、絵もそんな感じ。色も汚いし、まだ未完成なのだろう。しかし「自分が自分の絵を描いている、という感じは確かにしました」と言うのです。

そこから、いよいよ本題に入ります。漱石は、まず人間には二つの面があると言います。これがタイトルになっている「模倣（イミテーション）」と「独立（インデペンデント）」です。模倣というのは、みんなを真似て、みんなと同じことをするということです。つまり、人に合わせたり、空気を読んだりする。さらに「規則や法則」に従おうともする。これが「模倣」です。一方の「独立」は、今でいう「個性」みたいなものです。つまり「自分のこだわり」です。

もちろん、「模倣」がいけないというわけではないのです。人間にはそういう性質があるのです。しかし、「独立」も大事であると漱石は言うのです。

「私は人間を代表すると同時に私自身をも代表している。その私自身を代表しているという所から出立《しゅったつ》して考えて見ると、イミテーションという代りにインデペンデントという事が重きを為《な》さなければならぬ。人がするから自分もするのではない」

ただし、みんなと同じじゃつまらないから違うことをするとか、人を混乱させるためにわざと奇をてらったりするのは、自然ではない。インデペンデントとは違うのだと漱石は言います。また、たとえ自然であっても、人より二時間遅く起きるようなのは、まあインデペンデントではあるが「我儘《わがまま》」や「横着」で、これも除外しよう。

「最後に残るのは――貴方がたの中で能《よ》く誘惑ということを言いましょう。人と歩調を合わして行きたいという誘惑を感じても、如何《いかん》せんどうも私にはその誘惑に従う訳に行かぬ。それは、諸君と行動を共にしたいけれども、どうもそう行かないので仕方がない。こういうのをインデペンデントというのです」

ここで、例として親鸞《しんらん》の話をします。当時仏教界のタブーであった肉食、妻帯をした人です。その頃のことを思えば、相当に反発も圧力も攻撃もあっただろう。それでもあえてそうした親鸞は「非常なインデペンデントの人である」というわけです。

さらに、イプセンの話をします。イプセンは「近代演劇の父」とも言われるノルウェーの劇作家で、この講演が行われた頃、すでに日本でも『人形の家』が有名でした。このイプセンが、あるとき自国ノルウェーで、自分のための立派な歓迎会が開かれたとき「そんなものは嫌だ」とごね、礼服を着ないと言ってごね、参加者の人数が倍になったら嘘ついたといってごねる。まるで聞き分けのない子どものように主催者をてこずらせたという話です。もともとそういう場所が大嫌いだった漱石が好きそうなエピソードですが、これもまた「インデペンデント」であるというわけです。そして「インデペンデントの人は」「自分の標準を持っている」から許せるのだとも言います。

そして、さらに、かぶせるように、こんなことを言っています。

「元来私はこういう考を有《も》っています。泥棒をして懲役にされた者、人殺をして絞首台に臨んだもの、――法律上罪になるというのは徳義上の罪であるから公に所刑せらるるのであるけれども、その罪を犯した人間が、自分の心の経路をありのままに現わすことが出来たならば、そうしてそのままを人にインプレッスする事が出来たならば、総《すべ》ての罪悪というものはないと思う。総て成立しないと思う。〔略〕ありのままをありのままに書き得る人があれば、その人は如何《いか》なる意味から見ても悪いということを行ったにせよ、ありのままをありのままに隠しもせず漏らしもせず描き得たならば、その人は描いた功徳に依って正に成仏することが出来る。法律には触れます懲役にはなります。けれどもその人の罪は、その人の描いた物で十分に清められるものだと思う。私は確かにそう信じている」

「インプレッス」というのは、impressで、つまり「印象づける、感銘や感動を与える」という意味なのですが、ここでは「伝える」くらいの意味にとっておいていいでしょう。

もちろん「自分の心の経路をありのままに現わすこと」も「そのままを人にインプレッスする事」も、たとえ「人殺し」というような極端な行いでなくても、とうてい不可能なことです。そんなことは十分分かったうえで、漱石はあえてこう言っているのです。

「こだわり」は、ここで漱石の言う「インデペンデント」に関わるテーマです。他人にとってはどうでもいいこと、一般論からしたら愚かしいこと。場合によっては気持ち悪がられる、やめなよとか忘れなよとか、いいかげん卒業しろよなんて忠告されたりするかもしれないこと。子どもみたいとバカにされるようなこと。他人に面倒くさいやつだと言われ、自分でも面倒くさいやつだと思う。でも、そうせずにいられないようなこと。まさしく、漱石の言う「インデペンデント」な要素が出てしまうのが、「こだわり」です。

くりかえしますが、右の引用で漱石が言っている「ありのままに書く」なんてことは不可能です。でも、できるだけ正直に、正確に書こうとすることはできます。それで何かが伝われば、「私」の一部分でも伝われば、「感銘」まで行かなくても、それなりの「説得力」は出ます。

ここで「説得力」というのは、明晰《めいせき》に論理的な筋を通して、反対する人を論破して「正しい」と思わせる力のことではありません。なるほど、そういう事情なのかと「理解」させたり、「同情」してもらったり、分かる分かると「共感」してもらう説明能力でもありません。書いたその人の「自分」が伝わって「なるほど、この人はこういう人なのか」と、「たしかにこだわってるなあ」と、そんなことを思わせる力のことです。

## 「歌う」こと、「歌わない」こと

またしても唐突ですが、「模倣と独立」を読みながら、「説得力」のことを考えながら、カラオケのことを思いだしました。どういうことかというと「巧《うま》い」けれども「説得力」がない歌と、「巧い」とは言えないけれども、「説得力」がある歌との違いについてです。「巧い」だけの人は、歌える歌を歌っていて、本当に歌いたいわけではない。もっといえば、歌っているふりをしていて、本当に本気で歌っているわけではない。そう思えるのです。決して「巧く」はないのに、妙に「説得力」がある場合、それは少なくとも本気で歌っているからではないのか。つくったのは他人だけれども「自分の歌」を歌っているからではないのかと、思えるのです。ときどき音程がはずれるような歌を聴きながら、「なるほど、こういう人なのか」と思う経験は、たまにあるのです。

僕はたまに、授業で「歌わないでください」と言います。でも、たまに「歌ってください」というときもあったのです。「歌う」というのは、本来「書く」とは正反対の営みで、声は宙に消えていきます。その場限りのパフォーマンスです。文章は、そういうものではありません。ところが「歌ってしまう」文章は、ただ感情をぶちまけるだけで、読み手をおいてけぼりにして、自分だけ気持ちよくなっていることが多いのです。

でも、今回は、本気なら、「歌う」のもありだと思います。うまいこと言葉にされた理屈や感情ではなく、身体から発せられる声が叫びになっても、かすかな囁《ささや》きになっても、なにかその人の根っこが伝わることが大事だと思うからです。ただし、自分の声を聴きながらという条件はつきます。

「歌う」というのは、もちろん喩えですが、プロの歌手は、レコーディングやライブのときに、ヘッドホンやイヤホンをつけています。つまり、必ず自分の歌を聞きながら、自分の声を確かめながら歌っている。前にも言いましたが、この自分の声を、つまり言葉を確かめながらというのは、「書く」という営みに必ずついてまわることがらです。

自分で読んで、「恥ずかしい」とか「痛い」とか思ってしまったら、それは、自意識のせいもあるでしょうが、おおむね、ちゃんと書けていないということです。

その意味で、今回は、とくに推敲が大切です。

ちなみに、夏目漱石は、いくつもの「こだわり」を抱えて、小説の中でそんな「私」を表現し続けた人ですが、「私の個人主義」という別の講演の中で、こんなことも言っています。

「もしどこかにこだわりがあるなら、それを踏みつぶすまで進まなければ駄目ですよ」

第七章　感覚の経験

## 課題「流れ」「音」「色」「におい」「痛み」

最後です。ハードルが一番高くなっています。課題として示されているのは「テーマ」ではなく、漠然とした素材だけです。書くときの自由度は高いのですが、単語から自分なりの具体的な材料を思いつかなければならない。また、テーマは、書きながら自分で模索しなければならない。面倒くさいといえば面倒くさい課題です。欲張って五つ並べましたが、それぞれについてメモをつくって、そこからどれか一つを選んでやってみてください。

今回は「感じる」ことを軸にして、課題を選択しています。「流れ」「色」「におい」「音」「痛み」どれも、まず「感じる」ものです。言葉としては、具体的な「こと」を指し示すと同時に、抽象的なイメージを喚起する言葉でもあります。書いていくうちに「音」が「色」につながったり、「流れ」と「痛み」がつながったりすることもあるかもしれません。

「場所」のときにも、「感じる」ことを強調しましたが、感覚を言葉にして伝えるというのは、ある意味もっとも簡単で、またある意味もっとも難しいことです。

感覚には、思考と違って理屈がありません。また、感情のように、めまぐるしく変化する、とらえどころのないものでもありません。思考と感情とは、ほとんど分かちがたく結びついていて、解きほぐして整理するのが面倒くさい。感覚は、そういう面倒くさいものとは別の場所にある。

もちろん、感覚は感情につながっています。感覚やイメージを出発点にして思考が動き出すこともあります。「感覚的な思考」という言い方もあります。そういうややこしいことを考え出すときりがないので、とりあえず、思考や感情は、言葉にしないと自分でも分からない、つまり対象化してはじめて分かるものだということにします。いままで書いてきたように、自分の感情をつかまえて言葉にすることも、考えに筋を通すことも、一筋縄ではいかない。自分の考えや思いをきちんと言葉にして、しかも他人に分かってもらうのは、とても難しい。

一方、感覚は、言葉よりさきに身体で感じるものです。あるいは心で、もっと言うと魂で感じるものです。言いかえるなら、感じるだけなら言葉はいらない。もうまったく「そのまんま」なのが、感覚です。感覚は、感じることは、人間が人間である前に「生きもの」であるということの証拠です。だから、犬や猫やハムスターが、何を思い、何を考えているのかはさっぱり分からないけれど、犬や猫やハムスターの「暑い・寒い」「熱い・冷たい」「気持ちいい」「痛い」は、分かる。もちろん、相手が人間の場合でも、分かりやすいし、伝わりやすい。「暑いねぇ」「暑いですねぇ」、「おいしいねぇ」「おいしいねぇ」といったコミュニケーションが、説明なしで成立する。つまり、感覚には説明がいらない、というか、そもそも説明するようなものではないのです。

でもね、それで本当に「伝わった」のかどうか、これが分からない。

四行前に書いた会話は、いずれも「暑さ」や「おいしいもの」を、共有している状態が前提です。では、夏の真っ盛りのオーストラリアかどこかにいる友達に、冬の真っ盛りの日本から「寒い」ということは、どうやって伝わるのか。昨日食べたオムライスのおいしさを、今日会った、しかもそれを食べたことのない友達にどうやって伝えたらいいのか。「おいしい」だけでは「おいしいと感じた」ということしか伝わりません。説明しても仕方がない。描写するしかない。でも、どんなに言葉を尽くしても、「おいしさ」そのものは、同じものを食べてもらう以外の方法では、絶対に伝わらない。

もっと言えば、同じものを食べたとして、その友達が「おいしい」と感じる保証はない。

たとえ「おいしいね」といったとしても、味覚に個人差がある以上、ほんとうにそう感じているのかは、分からない。味に限らず、暑さ寒さも、色でも音でも痛みでも、「私」が感じていることを他人が同じように感じているのかどうかは、実は分からないのです。

考えだったら、きちんと説明して筋を通して言葉にすれば、「私は賛成です」とか「それは正しい」とか、「よく分かる」と言ってもらえます。感情についても、事情をよく説明すれば、「あー、それって分かる」と思ってもらえることはあります。同じ対象に、同じ感情を抱くことや、その共有を確かめあうこともよくあります。

感覚についても同じように言ってもらうことはあるでしょうが、ほんとうに同じように感じているのかは、確かめようがない。そして、繊細な感覚を表現するのは、実は難しい。

感覚を言葉にして伝えることの難しさを、いくらかでも分かってもらえたでしょうか。

話し言葉だったら、目の前にいる誰かとの会話だったら、伝わらなさに戸惑ったりイライラしたりしながらも、感覚の違いや、言葉にする時のずれなんかを確認しあいながら、その違いを分かったり、違いを踏まえたうえで分かり合ったり、やっぱり分からないけど、ふーんそうなのかと思ってみたりすることができます。でも、書き言葉の場合は、そんな楽しいことは、その場では起こらない。書くことの孤独については前にも書きましたが、感覚を文章にする作業は、とくに孤独で、不安なのです。

でも、考えや思いを書くよりは、面倒くさくはない。表現の工夫は必要ですが、表現すること自体が楽しいことも事実です。

## メモづくり　五つの課題を頭において

今回のメモは、まず、五つの課題を書いた上で、それぞれについて「思いだす」作業からです。毎回同じことですが、記憶を探るというよりは、言葉とイメージに触発されて、記憶が浮かんでくる感じでやってみてください。メモのサンプルはつけませんが、ここでも5W1Hが基本であることは、変わりません。

参考までに、それぞれの課題について考えたことを、書きます。

### ①「流れ」

具体的なことがらであると同時に、抽象的な言葉です。ちょっと考えただけで、実にいろいろな「流れ」があります。時間の流れ、空気の流れ、川の流れ、人の流れ、車の流れ、仕事の流れ、（スポーツの試合での）ゲームの流れ。会話の流れなんて言い方もあります。「時間の流れ」をもっと大きくとらえた「歴史の流れ」という言葉もあります。「源氏の流れをくむ」とか、（俳句における）「子規―虚子の流れ」のような系統や系譜を意味する「流れ」もあります。派生語としては「流れ作業」「流れ弾」「流れ者」「垂れ流し」などがあり、さらに「流」を使った熟語として「流行」「流言飛語」「放流」「漂流」などがあります。

ヘラクレイトスというギリシャの哲学者の言葉で「万物は流転する」というのがありますが、ともかく、いろいろなものが「流れ」るのは、たしかなことです。時間や川も流れますが、それだけじゃない。電気も流れるし、音楽も流れる、映像も流れる。

ちなみに、音楽も映像も「時間芸術」と言われます。「流れ」ないと成立しないからです。川もそうですね。流れなければ川ではない。そう考えると、この世界そのものが、生きること自体が、流れがあってこそ成立しているとも言えます。車が流れないのは「渋滞」です。仕事がスムーズに流れなければ「停滞」です。

しかし、流れというのは、何だかどうしようもない転変を含むので、それに逆らったりすることもあります。「流される」ことを嫌がる場合もあります。流されたくないという感覚は、前回の「こだわり」に通じるものがあります。逆に「そこは、流す」というような場合、「こだわらない」という意味になることもありますし。

ダンスの動きや野球のバッティングフォームについて「右足が流れる」というような言い方をすることがあります。この場合「流れる」は「本来のかたち・あるべき姿からの部分的逸脱」を意味します。また、「試合が雨で流れる」という場合、「流れる」は、継続的な推移ではなく、「先の予定がない形で延期される」という意味になります。「流れ者」というのは、「一つ所にとどまれない・とどまらない人」のことです。いずれも、なんだか残念な、寂しいニュアンスが感じられる使い方です。

ここで、「流れ」について書かれた有名な文章を、ひとつ引用しておきます。鴨長明《かものちょうめい》『方丈記』の冒頭です。

「行《ゆ》く川のながれは絶えずして、しかも本の水にあらず。よどみに浮ぶうたかたは、かつ消えかつ結びて久しくとゞまることなし。世の中にある人とすみかと、またかくの如《ごと》し。」

教科書で読んだ人も多いでしょう。川の流れというのは、まったくこの通りで、絶えず流れているので変わらないように見えながら、実は、けっして同じ水ではない。でも、葉っぱか何かが流れないと、それが流れていることが分かりにくい。見ていて飽きない。
『方丈記』については「無常」という言葉が、教科書の解説にあったはずです。でも、鴨長明が生きたのは鎌倉時代のはじめのほう、世の中が大きく変動していて、先がどうなるかわからない時代です。しかも長明さんは、出世争いに敗れた失意の人。まだ四十代なのに小さな庵《いおり》に隠棲《いんせい》して、今で言えば引きこもって『方丈記』を書いていた。だから、川の流れを見ながら、こんなふうに感じるのかもしれません。

たしかに何もかもが流れて行ってしまうのは、どこか哀《かな》しいことです。でも、流れという現象を、面白いと思うことだってあるはずです。

今回の課題は「感じる」を軸にしていると言いましたが、よくよく考えれば、「流れ」というのは「感じる」というより、「そこに見て取る」もの、あるいは「意識する」ものなのかもしれません。もっと言えば「流れ」という言葉があってはじめて人は「流れ」を意識して、意識したあとで何かを感じたり、考えたりするものなのでしょう。時間の流れだって、そのなかにいるということを意識するのは、たいてい時間が過ぎてしまってからです。

どんな流れがあるのか、どういう場面でどんなふうに流れを感じるのか、何が流れるのか、何を流すのかなどを考えるところから始めてみてください。記憶の中に、印象に残る「流れ」や「流す」を見つけられるかどうかがポイントです。

## ②「音」

音というのは要するに空気の振動で、その幅（波長）によって高さが変わり、組み合わせによって形（波形）が変わるということが、科学によって明かされています。音の大小も高低も、計測して数字に置きかえることができます。

しかし、人間にとって音はまず「感じる」ものです。だからこそ、芸術の一分野として音楽というものがあるわけですが、何かを感じるという意味では、音楽だけではなく、虫の音、鳥の声、風の音、川の音、波の音などの自然の音もあります。人間がたてる音もあります。心地よい音もあれば、雑音も騒音もあります。

騒音と言えば『うるさい日本の私』（中島義道）という本があります。これは「ちり紙交換」のトラックがスピーカーから出す音、駅のホームでの「白線の内側に下がってください」などのアナウス、エスカレーターでの「気をつけてください」のアナウス、商店街のあちこちのスピーカーから聞こえる音など、著者が「うるさい」と感じた音すべてに文句を言い、ときには実際に苦情を申し立てていくドキュメントです。たいへん面白い本です。

実際、現代社会には、実にいろいろな音がありますが、人間や機械のたてる音がすべて不快なわけでもありません。夕方、家々から聞こえる台所の音。夜、遠くの方で走る電車の音。天気の良い日の公園で、どこかから聞こえる野球やテニスの音。子どもたちが遊ぶ声とそこに交じって聞こえるブランコの揺れる音。

昭和三十年代のことですが、母方の祖母の家のすぐ下に、小さな製糸工場がありました。まだ製糸産業が盛んだった頃です。その、下の工場から聞こえる「ガタコンガタコン」という機械のリズミカルな音を、僕はわりと気に入っていました。今だったら騒音防止条例か何かにひっかかるのかもしれませんが。

今では聞こえなくなってしまった音といえば、近くのお寺から毎日決まった時間に響いていた鐘の音も、いつのまにか聞こえなくなりました。

ともあれ、日常のなかで、どのような音が聞こえているのか、どんな音を聞いているのか、どういう音が好きなのか、どんな音が気にかかるのか。そんなことを、想いだしてみてください。

ところで、「聞く」と「聴く」は違います。ふと聞こえる音に耳を傾けるのではなく、日常的に「聴く」ことをしている人も多いと思います。そうです、携帯音楽プレーヤーです。

かの「ウォークマン」が初めて世に出てから、二〇一五年で三六年になるそうですが、はじめ「カセットテープ」を聴くものであった再生装置が、やがてCDプレーヤーになり、やがて千曲以上をデータとして保存して聴くことができる「フラッシュメモリー」というものに変わりました。今やCDは「音源」になり、何枚もわざわざ持ち歩く必要がなくなり、プレーヤー自体もカードのような軽いものになりました。また同時にイヤホンも相当進化して、それなりの音質で、音漏れも気にならないものが普通にあります。

そんなわけで、出歩いているとき、イヤホンをいつも耳に着けている人が、以前よりかなり多くなりました。つい四十年前まで、ライブで聴くか、オーディオ装置の前で聴くしかなかった音楽を、今や気軽に持ち歩けるようになったのです。

このことは、人間にとってどういうことなのか、何を意味するのか。というと、大げさな感じがします。でも、音楽を聞きながら歩いているときの感覚、電車やバスや、あるいは自転車に乗りながら聞いているときの、その感覚を言葉にしてみるというのは、面白い試みではないかと思います。

もちろん、好きなミュージシャンの音や声について書くこともできます。ただし、その音あるいは声について、どんな言葉で表現できるのかがポイントです。

音について直接言葉にするのは、難しいことです。音には名前がないからです。

西洋音楽の音にはドからシまでの、あるいはCからBまでの（日本ならハからロまでの）区別はあります。音楽の専門家は、「f」とか「bフラット」とか、そんな言い方でコードを区別したりもしますが、これらは名前ではなく音の高さの違いを記号で表したものです。音については、何が（誰が）出しているのかを表す「〇〇の音（声）」という言い方と、あとは、「高い・低い」など音の高さを表現する形容詞と「うるさい」「小さい」などの音量を表す形容詞があるだけです。

音に名前がないというのは、音というのがどうしようもなく音そのもので、聴覚を通して感覚に直接伝わるということでもあります。そこに言葉が介在する余地がないのです。でも、音を聞いて、または聴いて、何かを感じることや何かを思うことは多い。

そこで、音の印象を言葉にするとき、「シャープな音」「柔らかい音」「冷たい声」「温かい声」など、もともとは別の感覚を表現する形容詞を使ったりもします。これらは、喩えとしてそういう表現を用いているのではなく、実際に音がそう感じられるということです。音それ自体に温度があるわけではないし、音は触れるものではないけれど、「温かい」と感じられる音や「柔らかい」と感じる音があるということです。若い女性の声について「黄色い歓声」と言うのも、ようするに音に色がついて感じられるということです。

「共感覚」という概念があります。これは、音に色がついていたり、触ったときに味を感じたり、色に音を感じたりする現象のことで、つまり五感が混じってしまう、そういう人がいるのです。そこで、右にあげた「黄色い声」や「柔らかい音」、あるいは「星が歌っている」のような表現を「共感覚的表現」と言ったりします。

共感覚の原因は、まだはっきりとは分かっていないようですが、人間の感覚というのは、もともとすべてつながっているのではないかと、僕は思っています。たとえば、夜、真っ暗な中で、「カン！」というような鋭い音を聞いた時に、一瞬光を感じることがあります。つまり、少なくとも、視覚と聴覚はつながっていて、お互いに影響し合っている。

この件は、「色」「におい」にも関係してくるので、あとでまた書くとして、音を聴覚以外の感覚として表現する言葉がある一方で、あらゆる感覚を音で表現する言葉として、オノマトペがあるという事実は、またなんとも面白いことです。オノマトペについては、べつのところで書きます。

「音」のサンプルとして、とりあえず、超有名な俳句を二つ紹介します。

古池や蛙《かわず》飛びこむ水の音
閑《しずか》さや岩にしみ入る蟬《せみ》の声

両方とも、松尾芭蕉の句です。芭蕉の句にはほかにも「芭蕉野分《のわき》して盥《たらい》に雨を聞夜哉《きくよるかな》」や「蚤虱《のみしらみ》馬の尿《ばり》する枕もと」など「音」を感じさせる句は多いのですが、とくに有名なのがこの二句です。前者は、蛙《かえる》が飛びこんだ音を聞いて古池を想像したものです。ポチャンという音から水墨画のような光景を思いつくあたりが、さすがです。後者は、何と言っても「岩にしみ入る」の秀逸さです。この蟬が、どんな蟬だったのか。つまり、芭蕉がどんな声を聴いていたのかについては、アブラゼミだと断言する人や、ニイニイゼミ説の人もいて、なかなか面白いのですが、僕はヒグラシがぴったりくる感じがします。授業だったらその鳴き声のサンプルを聴かせるところです。ネットに音がありますから、ぜひ聴いてみてください。

ちなみに、昆虫学者でもないのに虫の声を聞き分けたり、わざわざ飼育して虫が鳴くのを楽しんだりするのは、日本人だけだという話があります。世界中の文化に精通しているわけではないので真偽のほどは分かりませんが「音の文化」のなかに、自然の要素が多いのは、日本文化の特徴のひとつかもしれません。

では、散文のほうのサンプルを、二つ紹介します。

**爆音の余韻　T・S**

　ライブハウスに初めて行った時のことを覚えている。中学三年生の時だ。友達に、知り合いの大学生がやっているバンドのライブを見に行こうと誘われ、特に断わる理由も無かった僕は二つ返事でOKした。元々音楽を聴くのは好きだったし、好きなバンドのCDだってそれなりに聞いていたから、音楽を直接聞きに行くんだ位の軽いノリでいた。その日は地元のインディーズ主催のライブで、その大学生のバンド含め、五組位が三十分の持ち時間で演奏していくものだった。メジャーな音楽しか知らない中三の僕達からすればほとんど無名に近いバンドばかりだった。

　当日の夜、少々道に迷いながら到着したそのライブハウスは、とある雑居ビルの地下にあった。辺りはうす暗く、控え目にあてられた照明が、なんとなくその場所をアンダーグラウンド然とさせた。地下へと続く螺旋《らせん》階段を下り、まず目に入ったのは壁一面にびっしりと貼られたバンドのステッカー達だった。それから古びた壁とイス、そして灰皿。一部一部色褪《あ》せ、剝がれかけたそのステッカー達がそのライブハウスの年季を感じさせ、うっすらと香るタバコの匂いが僕達を威嚇した。まるで「ここは子供の来る場所じゃないぞ。」と言われている様だった。

なんとなく萎縮しながら中に入ると、客はやはり年上ばかり、会場は高校の教室位の広さがあったが、やはりヤニ臭かった。何故《なぜ》か聞く立場にある僕達が緊張してしまい、隅の方に陣取ることになってしまった。知り合いのバンドの演奏順は最初だった。幕が上がりボーカルがバンド名と楽しんで行ってくださいの一言を投げ、ドラムのカウントとともにライブが始まった。

一瞬、耳が吹き飛んだのかと思った。僕達は圧倒された。音の圧力にやられた。想像の遥《はる》か上を行った大音量は爆音と呼ぶにふさわしく、肩がせり上がり浮ついた体を元に戻すのにほぼ一曲分かかった。曲は所謂《いわゆる》ロックで歌詞は英語で解らなかった。今思えば特に好きでも嫌いでもない様な感じだったが、既に初めてのライブハウスの雰囲気に飲まれてしまっていた僕達には衝撃だった。

一曲目が終わってボーカルがMCを始めた。ベースとのかけ合いがあったりギターがギャグを飛ばして客の笑いを誘ったりドラムがセッティングを直したりしていた。しかし僕達の耳がそれについて行かず、他の客達と一緒に笑うことが出来なかった。単純にギャグが面白くなかったのかもしれないが、僕からすれば他の客が特殊な訓練でも受けているように思えた。間もなく二曲目が始まり、先程よりは落ち着いて聞くことができた。しかし音の一つ一つが質量を持っている様で、まるで音で殴られたような感覚だった。ドラムのシンバルやキック音が肌を叩《たた》いて、ギターの高音や歪《ひず》みが頭を揺らして、地を這《は》うようなベース音が足元から心臓を鷲掴《わしづか》みにしてくるような。地域の団体がやっているような野外演奏などとはまるで違っていて、密室の、それもライブをするためだけに作られたこのライブハウスというものは、音のすべてを反響させ、共鳴させ、うねりを上げて僕達の耳に襲いかかってきた。しかし、曲が続いて行くにつれ少しずつ耳が慣れてくれば後から昇ってくるのは確かに興奮だった。

僕はライブを侮っていた。

結局、知り合いのバンド含め、その日一日中圧倒され続けた僕達は、浮ついた気持ちのままなんとか挨拶を済ませ、飯も食べに行かず、地元に帰り軽く感想を言い合って早々に解散した。
その後、飯と風呂を済ませ、床に着いたのは日付が変わってからだった。ライブの熱も冷め、すっかり落ちついて、疲れを感じ始めた僕は、さっさと寝てしまおうと横になった。その時だった。耳鳴りがした。原因はすぐに分かった。勿論《もちろん》その日のライブの爆音によるものだった。きーんとした耳鳴りが続いていて、静かになるまで生活音にまぎれていたそれが顔を出した瞬間、その日のライブが思い出され、徐々に僕の体に熱が戻ってくるのがわかった。熱が戻るにつれ、その日聞いた音楽がより鮮明になっていった。耳鳴りが記憶の入口となっていた。本当に寝る直前までその熱に耽《ふけ》っていた僕はライブの余韻というものを感じた。この余韻が、また僕を次のライブへと誘った。

自然の音とは正反対の、人間と機械が作り出す音です。生まれて初めてのライブハウス。そこで経験した「爆音」とその余韻について、ほぼ余すところなく書ききった感があります。

たしかに、ライブハウスの音は、空間そのものをふくらませるかのような圧倒的な音量で、聴覚だけでなく身体全体に「襲いかかって」くるものです。「殴られたような」という表現は、けっして大げさではありません。まさしく物理現象としての音の質感と身体の感覚が、きちんと言葉になっている例です。

もうひとつ、紹介します。

**初恋のはなし　M・A**

私は高校に入って吹奏楽部に入部した。吹奏楽部に入ってパーカッションパートになれば、あこがれのエレキベースが弾けるという噂を聞いたからだ。私はパーカッションパートに入る気まんまんだった。というか音楽経験ゼロの私にはパーカッションパートしかできないと思っていた。しかし入部して早々私は風邪で学校を休んでしまった。他の新入部員たちは次々と自分のパートが決まっていく。バンドの花形クラリネットパートも、おんなのこの憧れフルートパートも、私が志望していたパーカッションパートも募集定員いっぱいになってしまった。出遅れた私に顧問が勧めたのがチューバだった。

みんなが個人練習を始めた日に、私は別室で先輩とマンツーマンで未知の楽器チューバの体験をさせてもらうことになった。先輩から、まずはマウスピースを口に当ててそのまま唇を震わせて音を出すように言われ、私はその通りにやった、つもりなのにマウスピースからがあがあ汚い音がする。先輩は「そうそうそんな感じ」と頷《うなず》いている。しばらくがあがあ吹いていると、先輩が今度はマウスピースを楽器に差し込んで吹かせてくれた。さっきのががあ音で、私はチューバがどんな音を出すのか期待していなかった。息を入れてみても、ふぎゅっとか、ぼふっとかマヌケな音しか出てこない。うまく音が出せない。やっぱり音楽経験の無い私には無理なんだと思った。すぐに落ち込むのは私の悪い癖だ。私はつい、チューバにため息のような息を吹き込んだ。

すると低い大きな音が天井目掛けて飛んだ。心臓が震えた。お腹の底まで低音が響いた。この部屋の空気が揺れて、私の周りを風が渦巻いた、気がした。音が鳴ったのは一瞬だった。その一瞬のうちにどこか壮大な世界に連れていかれた気分だった。どきどきした。声が出なかった。私はチューバに惚《ほ》れた。一目惚れというか一耳惚れした。

その後私の猛烈なアプローチでチューバパートに入れた。五月から本格的な練習が始まった。チューバの練習は楽しくて楽しくてたまらなかった。息を吐ききって体内の空気が空っぽになる瞬間が心地よかった。何よりチューバの太く暖かな音が大好きだった。自分が使っているチューバに〝べすべす左衛門〟と名付けて可愛がった。授業中もずっと彼のことを考えていた。ノートをとるフリをしてチューバの楽譜に「ここは目立たせる」「ここは静かに吹く」とかメモしていたこともある。今日の練習メニューを考えるだけでわくわくした。昼休みはご飯を抜いて彼に会うため音楽室に通った。一日の授業が終わればすぐに音楽室の鍵をあけてがあがあ鳴らす。部活が終わっても最終下校時刻まで吹き続けた。屋根なし渡り廊下で、星空を見上げながら吹く時間がいちばん幸せだった。引退しても吹いた。卒業しても吹き続けた。大学の入学式の前日に、彼に会いたくなって地元に帰った。べすべす左衛門の音に包まれる時間が一秒でも長く欲しかった。

振り返ってみれば、私はチューバを吹く為だけに高校に通っていた。私の高校生活の九割はチューバの音で埋まっている。音大を目指していたワケでもないのに、無駄な三年間を過ごしたように思えるかもしれない。しかし何事にも無関心で飽き性で短気な私にとって、チューバという楽器に出合い、夢中でチューバを吹き続けた三年間は、何かに熱中することの楽しさを知ることができた重要な三年間なのである。べすべす左衛門と出会えてよかった。彼のことは一生忘れない。

広い意味での「部活もの」です。でも、「仲間」とか「炎天下で練習」とか、「コンクール」とか「文化祭」とか、一切出てこない。ただただチューバという楽器が好き、その音が好きということだけが、まっすぐに言葉になっていて、よく伝わってくる。

第一段落が、チューバと出会うまでの経緯の説明。第二段落が、出会いの場面。ここでは、三つのオノマトペがいずれもひらがなで書かれていて、「マヌケな音」という形容を、かわいく補っている。そして三段落目、チューバの音に「一耳惚れ」をする場面へと、つながっていく。この三段落めが、ひとつの「山場」です。

音や音楽について書くのは、実はとても難しくて、山ほどの形容詞や喩えや、オノマトペや専門用語が使われて、それでも伝わってこないということがよくあるのですが、ここにはオノマトペも過剰な形容詞や副詞も使われていない。それでも、映像的な喚起力が高くて、気持ちがよく伝わってくる。「どきどきした」「声が出なかった」という、普通の言葉による描写が、正確で、効果的であるというよい例です。

第四段落は、チューバにどれだけ入れ込んだかの描写。一年のときから卒業後まで、駆け抜けるみたいに、いくつかのシーンをコラージュしていって、第五段落、「彼（チューバ）との関わりの意味」に、すっとつながる。

チューバという楽器は、知っている人は知っているように、やたらと大きくて、持ち運びが大変な楽器です。合奏では、いちばん低い部分を担っていて、サックスやトランペットやクラリネットのようにメロディを奏でることがほんどない。ソロを取ることなんてまずない。リズム楽器に近いけれど、パーカッションのように瞬間的に目立つわけでもない。というか、目立ってしまってはいけない。文字通り「縁の下の力持ち」です。そんな、吹奏楽のなかでのチューバの位置や、音楽的な意味みたいなことには、この文章、一切触れていない。チューバならではの、合奏の面白さみたいなことも書いてない。そのへんがいくらかもの足りない気がしないでもないのですが、でも、チューバの音の魅力も、彼女がどれだけ熱中したのかもよく伝わってくる。この場合、そういうことだけが伝われば十分なのです。

③「色」

これは視覚なのですが、「見る」「見える」だけだと範囲が広すぎるので、「色」にしました。音と同じように、光もまた、物理現象として科学的に分析され、数字に置きかえられます。虹の色で言うなら赤は波長が長くて、紫は波長が短い。波長の長いほうが障害物にぶつかりにくいので、遠くまで届く。だから夕焼けも緊急車両の警告灯も赤いのだ。みたいなことですが、人間にとっては、色は、やはり、まず感じるものです。音よりは、心を動かされることは少ないかもしれませんが、音よりは対象化しやすく、言葉にしやすいだろうと思います。

音と違って色には名前があります。もちろん、人間の感覚がとらえる、ほとんど無限といってもいいようなこの世界の多彩さに比べたら、色を表す言葉は圧倒的に少なく、普段使う言葉はもっと少ない。僕なんか絵をたしなむタイプではありませんし、もちろん、染色や印刷をやるような色の専門家でもない。しかも、色彩にたいする感覚が鈍いほうなので、それこそいくらか高い色鉛筆セットの二十四色くらいしか、自分の語彙《ごい》にありません。これは教養の問題でもありますが、藍色とか浅葱《あさぎ》色とか海老茶とか、あるいは「マリンブルー」とか、そんな色を言葉としてあまり経験していないということかもしれません。それでも、微妙な色の違いは分かります。好きな色も嫌いな色もあります。色について、思うことや考えることもあります。

「色」を身近に感じる最初の経験が、服や靴や持ち物の色です。たとえば、女子が好きな色、ピンク。これが苦手だという女子も多い。ピンクだけではなく、スカート、かわいいフリルなど、いわゆる「女子力」につながるアイテムについて、とくに服装関係について違和感を感じる女子がかなり多いということは、僕がこの間に学んだことのひとつです。いわゆる「かわいい」が嫌いな人は、ほとんど見たことがありませんが、なにを「かわいい」と感じるのかは人によって違うものです。また、「かわいい」を好きだということと、それを自分に押しつけられることとは、また別です。

そんな問題があることを踏まえながらも、色が性別と結びつけられるという現象には、興味深いものがあります。赤やピンクが「女の子の色」で、青や黒が「男の子の色」であるという、よく考えたらなぜなのかよく分からない決まりごとは、最近では崩れつつあるようにも思えますが、今でも幼児期から小学校にかけての子ども時代には、そんな決まりごとが、着るもの＝着せられるものにそれなりに影響します。これは色が、たんなる色ではなくて、それぞれの色にイメージが伴っていて、人間がそのイメージに大きく影響されるということです。

　色の名前は、色そのものだけでなく「真っ赤なウソ」や「腹黒い」「青臭い」などのように、喩えとして使われます。「赤」というのは「疑いようもない」「明らかな」という意味を持つので、ほかにも「赤っ恥をかく」とか「赤貧」といった言葉があります。「黒」がネガティブなイメージで使われるのは、闇の色だからでしょう。「青」は、昔の日本語では今の緑も含むので、つまり若葉の色。若くて未熟なという意味も含みます。「顔色が青い」というときは、元気がなくて血の気が引いているという意味ですね。ほかにも、色を使った喩えはあります。そんな言葉から発想してみてもいいでしょう。

　個別の色の名前だけでなく、言葉としての「色」は、人間の欲望を意味することがあります。「色っぽい」「色気づく」は性的な意味合いが強い言葉です。また「色即是空」という場合、「色」はこの世のすべての現象ということになります。この「色」は、人間の感覚を刺激する、欲望を刺激する、執着を引き起こすすべてであるという解釈もできそうです。

　また、絵やイラストを見るとき「この色遣いが、うるさい」という言い方をすることがあります。これまた共感覚的表現ですが、あまりにもカラフルな世界は、たしかに煩《うるさ》く感じられるときがあります。

しかし、裏返して言えば、「色」は、この世界の豊かさや生きる喜びを表す言葉でもあります。色の少ない部屋は寂しいものです。色のない白黒な世界は、刺激が少なくて落ち着くのかもしれませんが、やはり寂しい。色のない人生よりは、たまには世界がピンク色に染まるような恋愛を経験してみたいという考えもある。

「音」と同じように、単純に、好きな色や嫌いな色、苦手な色のことを書いてもいいし、色にまつわる記憶を思いだしてもいい。「音」よりは、範囲が広いけれども、イメージだけで書ききるのは難しい。深く考えられるかどうかが問題です。

ではサンプルをひとつ。「色の記憶」です。

## 赤いトマト　K・N

野菜が無防備に売られている。私の住む所は田舎で、夏になると農家でできた野菜たちが、お金を入れる缶と共に道路のすぐ脇に置かれる。きゅうり、トウモロコシ、トマト。夏の色が至るところで彩やかに光っている。中でも、我が家は夏になると小山さんのトマトをいつも楽しみにしていた。小山さんのトマトはうっとりするほど赤く、大きい。小山さんの家は小学校へ行く道の途中にあった。小学生だった私はあまり学校に行かず、学校に遅れて行く時、母は私を送るついでに小山さんのトマトを買っていた。

その日、私はあまり乗り気ではなかったけれど学校に向かった。学校に行きたくない理由はなかったけれど、学校に行きたい気持ちもなかった。母はいつも通り缶にお金を入れ、トマトを買った。母の後ろを歩く。どんどん学校が近づいてくる。うつむいたり、母の背中を見上げたりしながら歩く速度を落とした。すでに私には学校に行く気はなく、母が私の気持ちを察して、

「帰る?」

と聞いてくれないだろうか、そうしたら私は「うん」と答えるだけで済むのに、

と考えていた。同時に、母は私の気持ちを察しながらも、私が自分で伝えるのを待っていることにも気づいていた。

私は三歳頃まで「うん」「ううん」しか言わない子どもだった。誰かが聞くことに「うん」「ううん」で答え、何かをもう一つ欲しい時には人さし指を立てる。よくそれで三年過ごせたなと思うが、三歳になって妹が話し始めるまで、私は言葉を発しなかったそうだ。そのせいか、私は自分の気持ちを言葉にして伝えることが苦手だった。だからこそ、母は私の言葉を待っているのだ。

どうしたいのかちゃんと言いなさい。母が言った。私は何と言ったのだろう？そこだけがぼんやりとして、思い出せない。ただ、自分がなぜだか泣いていたことを覚えている。きっと泣きながら、なんとか伝えたのだろう。

その後、なぜか私はトマトを食べながら母の後ろを帰った。泣きはらした目をして、トマトを食べながら田舎道を歩く小学生。変な光景だな、こんな子どもを連れ帰る母は何を思っているのだろうと考えながらも、トマトを食べ続ける自分がいた。たくさん泣いた私はすっきりしていた。

私は大学生になり、妹は高校生になった。母も小学校の方角に行くことはほとんどなくなり、小山さんのトマトを食べることは少なくなった。けれど夏になるといつも、私はあの日の赤く光るトマトが甘かったこと、太陽の黄色いまぶしさを、鮮明に思い出す。

小学校の二年生か三年生か、それくらいの記憶です。自分の気持ちをはっきりと言葉に出せない、不登校気味の小学生。記憶は断片的ですが、そのなかでも鮮明に覚えていて、記憶を思いだすスイッチのようになっているのが、トマトの色と味なのでしょう。テーマは、色それ自体ではありませんが、イメージが映像的で、伝わってくるものが大きい文章です。

④「におい」

「匂い」か「臭い」。何かが「におう」という自動詞、何かを「におう」「嗅ぐ」という他動詞でもいいでしょう。香り、香る、薫るでもいいですね。通常、臭《くさ》いというのは、嫌なにおい、香や薫は、良いにおいを指す言葉です。ちなみに、古くからある香道（お香の匂いを当てたり、いろいろな匂いのお香を組み合わせたりして楽しむ）の世界では、お香を「聞く」

と言います。ここにも共感覚的表現がありますが、たしかに、集中して注意深くにおいをたしかめる様子は、「耳を傾ける」ならぬ「鼻を傾ける」ような感じがします。

日常生活の中で、そこまで熱心ににおいを確かめることは、あまりないと思います。でも、色ほどではないにしても、人間が感じるにおいの種類は、膨大にあります。そして、基本的に鼻で息をしている以上、人はいつもにおいを感じているはずです。あまり意識しないままに。

ただし、においを直接表現するのは、音以上に難しいかもしれません。音と同じように、においというのは、どうしようもなくにおうもので、音以上に感覚の奥の方までたやすく侵入してくる。認識や判断以前に、ともかくにおってしまうのが、においです。だから、においにもまた、名前がなく、「○○のにおい」という言いかたをするしかないのです。

もっと言えば、音や色と違って、においは脳内にそのイメージを再現しにくいものです。たとえばバラの花を思い浮かべてみてください。花びらの色やその感触、刺の痛みまでありありと思いだすことはできるけれど、あの強烈な匂いを、感覚として思い浮かべることだけは、なぜかとても難しい。

その一方で、においを感じたときには、それがなんのにおいなのか、すぐに分かる。一度でも嗅いだことのあるにおいは、確実に憶えている。個人差はあるのでしょうが、これは、なかなか面白いことです。ちなみに、音でも同じことはありますよね。僕の場合、例えば、好きなジャズミュージシャンの「音」は、ちょっと聞けば、誰なのかすぐに分かる。でも、においほど素早く思いだせない。間違えることも多い。

においは、それ自体をイメージするのが難しい。でも、そのかわりに、においの経験は記憶の中に残りやすくて、思いだすためのスイッチのように機能しやすい。このことは、前にも書きました。つまり、においの記憶はエピソード記憶と結びつきやすい。これはもう、まさしく、思いだすところからスタートするのがいちばん近道でしょう。

においという言葉は、オーラや雰囲気（「♪あなたには希望の匂いがする」「彼には危険なにおいがした」）その怪しさ（胡散臭い）、ある種の濃さ（「くさい芝居」「生臭い」）や、漠然とした傾向（「なんだかセリフが昭和臭いよね」）などの表現にも用いられます。

これらすべてが、自分以外の他者についての言葉ですが、他者のにおいというものは、いいにおいか不快なにおいか以前に、人を警戒させるものです。それは、においが、とくに排泄物のにおいが、生きものとしてのテリトリーを示すマークのひとつであるということとつながっているのでしょう。

そのせいかどうか、この数十年間、日本の社会では「においを消す、隠す」ような傾向が強くなっています。昔は、といっても僕の記憶にあるくらいの昔の話ですが、今のように自分のにおいや他人のにおいを気にする人は多くなかったと思います。少なくとも、体臭や口臭対策としての「消臭・脱臭グッズ」や、「お部屋のにおいを爽やかに」のような製品は、一九七〇年代までは存在しなかった。トイレ用の強力なものだけはありましたが、その頃のトイレは、水洗式じゃないほうが多かったので、かなり臭かった。そのにおいを別の強いにおいでごまかすようなものでした。

ようするに、昔の人はいまより臭かったということです。人だけでなく、街も家も映画館なんかも、いまよりいろんなにおいがしていたのです。ちなみに、ペットとしての犬や猫も臭かった。

においというのは、つまり他者の徴《しるし》です。昔の人は、他人のにおいをそこまで気にしていなかったと、さっき書きました。それは同時に、自分のにおいも気にしていなかったということです。今、消臭剤の類が、そこそこの市場を獲得しているのは、つまりにおいを気にするようになったということは、「他者」というものへの意識が、あるいは他者との距離感が変わったということでしょう。自分のにおいを消すというのは、「誰かにとっての他者としての自分」の気配を消したいということです。

感覚というのは、時代によって変化するものです。僕自身、昔よりは自分のにおいを気にするようになっています。一方で、他人の体臭や口臭が気になるようにもなっています。個人差はあるでしょうが、今の日本は、昔より、においに不寛容な社会になっていると言えるでしょう。

ところが同時に、においが、おもにフェロモンのにおいなのでしょうが、誰かへの好意の理由にもなるというところが、においの面白いところです。誰かのにおいを不快に感じるか、好ましいと思うかは、その人への感情のありかたと関係しているのだろうと思います。

ともあれ、「好きなにおい・嫌いなにおい」だけでなく、においからどんなことを思うのかが、この課題の眼目です。メモの段階で、そこまで考えてみてください。そこで感じたことによって、たんなる「いい・悪い」や「好き・嫌い」ではない、「さびしいにおい」や「懐かしいにおい」「元気が出るにおい」など、いろいろな言葉が出てくるはずです。

### ⑤「痛み」

最後は、「痛み」です。感覚としてはもっともインパクトが強くて、記憶にも残りやすい。

音やにおい以上に、「痛み」というのはほんとうにどうしようもなく「痛み」でしかなくて、思いきりストレートに感覚に襲いかかってくる。「感覚界のラスボス」と言ってもいいでしょう。

もちろん、身体の痛みだけでなく、心の痛みもあります。こちらは、身体の痛みほど、どうしようもないわけではない。ごまかしやすいからです。でも、ごまかしているうちに身体に影響してくることもよくあります。また、何度もくりかえすように、今でも同じように心が痛むような場合は、書くことのハードルが高くなりますから、要注意。

「他人の痛みが分かる」というのは、徳目のひとつとして、大人から、社会から、子どもの頃から言われることですが、はっきり言ってしまえば、「そんなもん分かるもんかい！」です。

音でも味でもにおいでも、映像イメージでも、感触でも、痛み以外の感覚だったら、再現することができます。感覚そのものは、どうしようもなく自分だけが感じているものですが、同じ音、同じにおい、同じ味、同じ感触をものによって再現することは可能です。同じ音を聞かせればいい、同じものを嗅がせればいい、同じものを食べさせればいい、同じものに触らせればいい。つまり、同じ状況を再現することは、可能です。でも、痛みだけはそういいかない。「同じ痛みを味わわせてやる」なんて共感覚的なセリフがありますが、それはほぼ不可能なことです。そんなことをやって人としていいのかどうかは措《お》いておくにしても、たとえば、石とか鉄とか「なにか硬いものに頭をぶつけたときの痛み」を、その経験を正確に再現できるでしょうか。「包丁で指を切ってしまったときの痛み」はどうでしょうか。どんな硬さの石に、どれくらいの勢いでぶつかったのか。どんな包丁でどれくらい切ったのかを、物理的に計測して再現することは、可能かもしれません。では、例えば歯の痛みはどうでしょうか。喉の痛みはどうでしょうか。心の痛みはどうでしょうか。

たとえ、それらを完璧に再現できたとしても、それをどんなふうに感じているのかは、もうどうしようもなく本人にしか分からない、感じられない。痛みというのは、そのまんま伝えることが絶対に不可能なのです。だから、身振り手振りや言葉で「痛い」ということを伝えるしかない。言いかえれば、「私」が感じる痛みは、「私」が感じるほかの感覚以上に「私が表現する」ことしかできないのです。

サンプルは、身体の内側の痛みです。

## 痛み　N・R

高校二年生の冬、私は胃潰瘍で入院した。殺人的な宿題量と試験勉強をこなす為、冬休み中二時間の睡眠で過ごしていた私は、医者の「ストレスですね」という言葉にただ頷くしかなかった。入院初日から三日の間は、焼けるような内臓の痛みで何も考えられなかった。心臓の鼓動と共にずくずくと痛む胃を押さえながら、ただ痛みが消えることだけを祈る日々が続いた。しかし四日目が過ぎ入院生活が五日目になった頃、私はだんだん不思議な感覚を味わうようになっていった。

胃潰瘍の患者というものは、基本的に物は食べないし水も飲まない。その為、生きるのに必要な栄養や水分は、全て点滴から得ることになる。また、動くと胃が痛むし、そもそも医者には絶対安静と言われていたので、ベッドから起き上がることも一日二・三回だけだった。ベッドに横たわりながら白い天井を見つめる。二人部屋の静かな病室には音はなく、点滴がポツリ・ポツリと響いている。その響きは透明な管を通って、静かに私に流れ込んでくる。その世界に浸ること数日、私は私の中の人間である部分が、どんどん削げ落ちていく感覚におそわれていた。物も食べず、水も飲まず、動かないでただそこに在るだけの自分。まるで温室で育てられている植物みたいだ、とどこか他人事のように考えていた。

けれど、そんな二週間の入院期間に私が植物になりきることはなかった。人間の感覚がどんどん消えていく中で、一つだけ消えないものがあったのだ。それがあの痛みだった。ずく、ずく、と一定の間隔で感じる痛み。それが、私の鼓動であり、人間である感覚の全てになっていた。あんなにも消えることを望んでいた痛みが、私が人間である唯一の証となっている。そのことに気づいた時、なんだか少しおかしかった。

それから一週間程して、私は退院した。私の体はどんどん回復して、痛みの鼓動は弱まり、ついには消えていった。あれから私は痛みから縁遠い生活をしているが、それでも時々あの痛みを思いだす。人間には様々な感覚がつまっていて、その全てが大切だ。けれど、その中でも痛みという感覚は特別な気がする。体の痛みや心の痛み。色々な痛みは存在するが、それらは全て生きる、ということに繋《つな》がる。だからこそ、どんな状況でも人は痛みを捨てきれないようにできているのかもしれない。

第二段落から第三段落にかけての描写、そしてその後の考察。いずれもよく書けていて、伝わってくるものが大きい文章です。「痛み」という、普遍的でしかも固有な経験について、経験者だからこそ書けるような、このひとだから書けるような言葉で語られています。

僕は高校生の頃から胃痛とつきあってきましたから、胃の痛みについては、それなりに分かります。でも、ここで使われている「ずくずく」というオノマトペは、はっきりとは分かりません。胃潰瘍までは経験していないからです。ただし、想像はできます。胃の痛みは、通常「しくしく」で表わされますが、胃に穴が開くほどの痛みだったら、おそらく「しくしく」どころではすまない。「ずくずく」というのは、たぶん、「ずきずき」という、脈搏《みゃくはく》とシンクロした痛みの表現と「しくしく」とが合体したオノマトペです。鼓動と同期して、痛みがリズムを刻む感じとともに、いかにも穴が掘られているような感じも伝わってくる。

ちなみに、このような「痛み」を表現するオノマトペは、医療の現場で大いに役立っているようです。オノマトペについて調べていくと、実に数多《あまた》の論文が書かれているのですが、その中に医療系の研究がかなり含まれている。とくに患者と接する臨床現場では、オノマトペは、病状や病気を判断する材料として重要らしいということが分かります。臨床の第一歩は問診ですが、そこでの痛みの表現が「がんがん」痛いのか「ずきんずきん」痛いのかで、症状は違う。個別の症状を判断、評価するためにオノマトペは重要であるということです。

ただ、言葉で痛みを表現するだけでは不十分で、その痛みをどう受け止めたのか、どう考えたのかが、とくにこの課題の場合は大切な要素になります。表現だけなら「痛い痛い痛い痛い痛い……」とくりかえして書くだけで、「とても痛い」ということは、ある程度伝わるのかもしれません。しかし「あー、痛かったんだね」ということで終わってしまう。

そういう意味では「心の痛み」のほうが、書きやすいのかもしれません。感覚というより感情ですから。痛みそのものは伝わらなくても、事情を説明すれば理解してもらいやすい。でも、心が痛むというのは、つまりどんな感じなのかを、きちんと思いだして言葉にするのはかなりきついことです。きちんと思いだすと、たんなる思い出話では終わらない。自分自身のなかにあらためて踏みこんで、掘り下げていく力と勇気が必要です。つまり、心の痛みについて書くということは、やはり、それなりのチャレンジです。

### ネタを選ぶ

以上、サンプル紹介とざっくりとした補足説明でした。「流れ」以外のテーマは、それぞれに専門家がいて、研究されている分野でもあります。その世界を語った、研究した本がいくつも出ています。興味を持ったら、探してみてください。

言い忘れましたが、文章の中にそれぞれの単語が入っている必要はありません。「流れ」も、「音」も、「色」も「におい」も、とりあえず「素材」または「きっかけ」にすぎません。伝えるべきは「私」です。私の経験、私の感覚、私の感受性です。

最初に書いたように、感覚は、言葉以前に身体が感じるので、言葉にしにくいものです。しかも、これまでの課題以上に、個人的なことがらです。だからこそ、身体に根ざしたような「私の言葉」が、出てきやすいのだと思います。

身体と言いましたが、僕はやはり「魂」が感じるのだと思っています。共感覚の話をしましたが、これは「脳科学」的な話題です。脳は、おそろしく高度な情報処理器官ですが、音も色もにおいも痛みも「脳」が受けとる「情報」だけに還元できない。心が昂ぶったり、気持ちが落ちついたりすることを、心のさまざまな状態を、アドレナリンとかドーパミンのような脳内物質のせいだけにできないのと同じことです。そこに「魂」というものを想定してみたい。

人間の最初の言葉というのは、魂が初めて何かを感じたときに発せられたのではないか、というのは、ほとんど妄想なのかもしれません。あるいは、喩えにすぎないのかもしれません。でも、そんな言葉に出会うことは、それほど珍しいことではありません。

やはり、ちょっと大げさな話になりました。「身体」とか「魂」とか、そんなことは意識しないで、ともかく自分の感覚をできるだけ正確な、まっすぐな言葉にしていくこと、これだけを意識してください。

メモができたら、これを見ながら、どれを書こうか検討するわけですが、今回は、それぞれの課題のテイストが違うので、迷う人も多いでしょう。ひとつに決められなかったら、書けそうなものに片っ端からチャレンジしてみるという方法もあります。

また、前にも言いましたが、書きだしてみなければ分からないということは、実際にあります。数百字まで書いて、やっぱり無理だったなんてこともよくあります。

**書きだす　書ききる**

途中であきらめて、別のネタに切りかえるか、あくまで最初のものにこだわるかは、あなた次第です。二つ同時に、並行して書き進めるというやり方も、ないではありません。

でも、ともかく一回、終わりまで書く。毎回同じことですが、ゴールまで行く。

よく、「オチがつけられない」とか「まとめを思いつかない」とか、学生のそんな声を耳にします。たしかに、文章には「ここで終わった」という感じが必要ですが、「オチ」とか「まとめ」とか、そういうことを意識して、なんかうまいこと言おうとするよりは、「書きたいこと、書くべきことは書ききった」と思えるかどうかが大切です。ゴールまで走り抜ければ、そこで倒れてもいいのです。

**推敲《すいこう》**

今回はとくに、この作業が重要です。できるだけ正確に、というのは「正直に」ということなのですが、感覚の場合は、ほんとうにそう感じたのかという点を意識して、自分の文章をチェックすることが必要です。また、この表現でいいのか、この言葉でいいのかという点も重要です。こだわれるだけこだわってください。

**最後に**

ここで、あらためて手順のおさらいを、しておきます。一回目「記憶に残ること・ひと」の項目でも書きましたが、ひとつ、すごく大切なことを書き忘れていました。

最初の項目で書いたように、手順は、

・メモ① 思いだす。

・メモ② 選ぶ。あたりをつける。

・書く 終わりまで書く。

・寝かせる 書いた自分が「過去の自分」になるまで。

・推敲 自分の文章をあらためて読みかえしながら、吟味し、削ったり書き足したり、言葉を変えたりする。できるだけ粘る。

・諦める どこかで諦めないと、永遠に「書いた」ことにならない。

さらにもうひとつ、これはとても大事なことです。

・誰かに読んでもらう

これです。

そもそも、自分以外の誰かが読まなければ、文章というのは成立しないものです。未来の自分が読むことで、一応成立はします。しかし、それだけでは、文章として完成とは言えません。たとえて言えば「自分以外誰も聞かない音楽」みたいなもので、ほんとうに存在しているかどうかもあやしいものです。

もちろん、どこかに発表する場合、必ず何人かの読者がいるわけですが、できれば、発表前に、信頼のおける読者、きちんと読んで、けっしておざなりの感想や適当な相槌《あいづち》や社交辞令ですませない、思ったことをきちんと言ってくれる人に読んでもらうこと。そのあと、感想なり意見なりを言ってもらうこと。

これができれば、そこで、何か指摘を受けて、さらに文章の精度を上げていくこともできます。言いたいことが伝わったという感触を得て、もうひとつ不安だった自分の文章に自信がつくこともあります。自分でも不満が残る点を指摘されたとき、「やっぱりね」と、そこで自分の能力の限界を確認して、居直るというのではありませんが、踏ん切りがつくということもあります。

ぜひ、身近な誰かに読んでもらってください。

# あとがき

書けなかったことがいくつかあり、書くべきことがまだいくらでもあるような気がして仕方がない。言葉について考えるというのは、きっとそういうことなんだろう。

主な参考文献を、いくつか挙げておく。引用した子規や漱石《そうせき》はむろんのこと、まず、あえて読みかえすことをしなかったが、丸谷《まるや》才一《さいいち》『文章読本』（中公文庫）、井上ひさし『自家製文章読本』（新潮文庫）の二冊は、若いころ読んで、僕の文章観の基礎をつくっていると思う。また、石川淳《じゅん》の散文論（ちくま文庫『石川淳評論選』所収）は、そのまま第一章の元ネタであると言っても過言ではない。記憶と忘却については、戸井田道三《といだみちぞう》「忘れの構造」（筑摩書房『戸井田道三の本1　こころ』所収）から大きな示唆を受けている。はっきりとは分からないがこれらの著者からは、たぶん、僕の文章そのものが大きく影響を受けている。

書くことと思いだすこととを、鮮やかに結びつけてくれた横尾忠則《ただのり》の文章は、三年間同僚であった末松憲子さんに教わった。あらためて感謝します。

感謝といえば、筑摩書房の山野浩一さんの名前を出さないわけにはいかない。この本の話をいただいたのは、八年前だったと思うが、その後、なかなか書きだせない怠惰な僕の原稿を、ただ「待つ」だけでなく、何度か京都まで足を運んで、叱咤《しった》激励していただいた。右には挙げなかったが、大村はま、苅谷《かりや》剛彦《たけひこ》・夏子『教えることの復権』(ちくま新書)は、教員としての座右の書で、この本の編集担当が山野さんであった。そんなところでもお世話になっているということだ。編集実務を担当してくれた鶴見智佳子さんにも、お世話になった。でこぼこで、大いに不恰好《ぶかっこう》だった原稿が何とか本の形になったのは、鶴見さんの提案、アドバイスのおかげだ。

ここで書こうとする文章は、知識を上手に切り張りしたレポートや、何かやらかした時に書かされる反省文や、面白いのかどうかも分からない本の感想文や、きれいごとで飾られたポエムや、ましてや取引先に出す挨拶メールのようなものではない。あるいは、人間や社会やこの世界について、普遍妥当的な何かを言い当てようとするようなものでもない。ここでめざしたのは、それらの文章の根っこにあるべき言葉。もっとシンプルでまっすぐな、ある意味もっと難しい、「私」と向き合い「私」をきちんと誰かに伝える言葉だ。

そんな言葉を書くためのエクササイズが、京都精華《せいか》大学で行った「日本語リテラシー」という授業だった。ありがたいことに、多くの学生たちが、部活やアルバイトやオタク活動や他の科目のレポートや親との葛藤なんかでエネルギーを削られるなか、それなりのコストを費やして、十八歳、十九歳の頃にしか書けないような、面白い文章を書いてくれた。学生たちの書く文章は、この間、常に自分を支えてくれただけでなく、自分のなかにある言葉観、文章観みたいなものを、崩したり、揺るがしたりして、何度となく更新させてくれたのだった。

かくも刺激的な、楽しい経験をさせてくれた京都精華大学に、また、一緒に授業を考え、つくり、一緒に学生の文章を面白がってくれた同僚のみなさんに、そして何より、いままでつきあった数百人を越える学生のみなさんに、感謝しなければならない。ほんとうに勉強になりました。ありがとうございました。とくに、サンプルとして使わせてもらった文章の筆者たち。あなたたちの文章には何度も助けられた。あらためて、ありがとう。

二〇一五年　二月九日

森下育彦

chikuma primer shinsho

ちくまプリマー新書232

「私《わたし》」を伝《つた》える文章作法《ぶんしょうさほう》

二〇一五年三月十日　初版第一刷発行

著者　森下育彦（もりした・いくひこ）

装幀　クラフト・エヴィング商會

発行者　熊沢敏之

発行所　株式会社筑摩書房
東京都台東区蔵前二-五-三　〒一一一-八七五五
振替〇〇一六〇-八-四一二三

印刷・製本　中央精版印刷株式会社

ISBN978-4-480-68936-8 C0281 Printed in Japan



乱丁・落丁本の場合は、左記宛にご送付下さい。
送料小社負担でお取り替えいたします。
ご注文・お問い合わせも左記へお願いします。
筑摩書房サービスセンター　電話〇四八-六五一-〇〇五三
〒三三一-八五〇七　さいたま市北区櫛引町二-六〇四